中国学校教育探索丛书·北京好教育系列

慧心课程

指向学生核心素养的
校本创意与深度实施

HUIXIN
KECHENG

ZHIXIANG XUESHENG
HEXIN SUYANG DE
XIAOBEN CHUANGYI
YU SHENDU
SHISHI

夏明霞 /著

北京师范大学出版集团
BEIJING NORMAL UNIVERSITY PUBLISHING GROUP
北京师范大学出版社

图书在版编目(CIP)数据

慧心课程：指向学生核心素养的校本创意与深度实施/夏明霞
著. —北京：北京师范大学出版社，2021.8(2023.3 重印)
ISBN 978-7-303-27117-7

Ⅰ. ①慧…　Ⅱ. ①夏…　Ⅲ. ①课程建设－研究　Ⅳ.
①G423

中国版本图书馆 CIP 数据核字(2021)第 142641 号

图书意见反馈：gaozhifk@bnupg.com　010-58805079
营销中心电话：010-58802755　58800035
北师大出版社教师教育分社微信公众号　京师教师教育

出版发行：北京师范大学出版社　www.bnupg.com
　　　　　北京市西城区新街口外大街 12-3 号
　　　　　邮政编码：100088
印　　刷：三河市兴达印务有限公司
经　　销：全国新华书店
开　　本：710 mm×1000 mm　1/16
印　　张：13.25
字　　数：160 千字
版　　次：2021 年 8 月第 1 版
印　　次：2023 年 3 月第 2 次印刷
定　　价：60.00 元

策划编辑：冯谦益　　　　责任编辑：齐　琳　安　健
美术编辑：焦　丽　　　　装帧设计：焦　丽
责任校对：段立超　　　　责任印制：马　洁
封面插图：梁晓妍

序　言

课程改革是教育改革的核心。《国家中长期教育改革和发展规划纲要（2010—2020年）》提出"为每个学生提供适合的教育"，其实质就是"提供适合学生发展的课程"。

在一线教学实践中，课程是学校教育的核心要素，课程建设是学校工作的关键领域，课程实施是学校内涵发展、教师专业发展和学生全面发展的具体表现。近几年，随着课程自主权的下放，学校在国家课程、地方课程的基础上，开发和研制了丰富多彩的校本课程。多样化的课程为学生开启了启迪智慧之旅，也引发学校新的思考，经过不懈努力，学校建立了自己的教育哲学，并在教育哲学的引领下，建构了学校的启慧课程体系。这是学校落实《国家中长期教育改革和发展规划纲要（2010—2020年）》中"为每个学生提供适合的教育"的具体体现。

本书分为五章，阐述了北京市海淀区定慧里小学在相关课程理论的指导下进行的课程建设方面的实践探索。第一章"回归教育原点：慧心课程探索之旅"，对学校办学理念以及教育的价值追求进行了详细的论述。第二章首先盘点了定慧里小学的课程发展历史与现状，以及学校如何在课程发展的过程中去粗取精。然后从学生核心素养出发，详细介绍了在国家课程校本化这条路上学校所做的努力，并详细阐述了慧心课程建设的价值追求，包括概念的提出、重要思想的体现、课程的整体建构。第三章分五节从"慧德、慧智、慧体、慧美、慧劳"五大领域详细阐述了学校慧心课程体系的落实情况。在每一个领域中，既有这一课程领域框架体系的构建、典型案例的呈现，又包括学校在本领域课程发展过程中的反思与评价。第四章主要围绕拉动课程内部变革过程中课堂的华丽转型，对"阅读浸润，打造全时空教学新样态""慧问学堂，拓宽学生智慧成长空间""学科共融，拓宽学生思维发展广度"三个方面进行详解。第五章，详细论述学校课程领导力建设是如何保障课程实施和落实的，主要围绕校长课程领导力的示范引领、教师课程意识的觉醒，以及治理与评价三个方面进行探讨。

课程是打造学校特色、培育学生特质、实现学校育人目标的重要载体。本书充分体现了学校在历史传承中、时代发展中，不忘教育初心，牢记教育使命，在关注和回应时代发展对教育的新要求的过程中所做的努力。本书适合教育行政部门负责新课程改革与实施的管理人员和教研人员、学校负责新课程改革与实施或热心于新课程改革与实施的教师和教育管理人员等阅读。希望本书能够为学校课程建设提供一些新的思路和方法，我们愿与关心和热爱教育的同人携手共探，共谋教育发展。

目　录
CONTENTS

第五章　保障落实：学校课程领导力建设 / 175

第一章 回归教育原点：慧心课程探索之旅

　　未来已来，教育决定 21 世纪国家的经济、文化实力。早在 21 世纪初，各国就开始关注未来社会对人才的需求，美国、日本以及欧盟都致力于研究 21 世纪学生的核心素养，国际教育界掀起研究"核心素养"的教育思潮。美国为应对 21 世纪挑战提出了教育改革的新思想，它整合了 21 世纪社会与人的发展的需求，代表着美国教育改革的最新思路与发展走向。欧盟在 2006 年 12 月 18 日发布了《关于终身学习关键能力的建议》，提出了 21 世纪学生必备的八大能力。我国在 2016 年颁布了中国学生发展核心素养。无论是美国的"21 世纪型能力"、欧盟的"关键能力"，还是我国的"核心素养"，都对学校教育的价值与意义产生新的冲击，需要我们站在整体育人的角度重新审视学校的课程建设、教学方式、学校管理等。

随着社会的转型，知识获取渠道的多元化，学校的功能与作用在发生根本性变革。学校不再是"知识的配给所"[①]，而是转变职能，将发展学生核心素养、提高学生能力作为主要目标。真正促进学生发展的不是教师教授现成知识的课程，而是能吸引学生不断探究的课程。特别是基础教育课程改革以后，课程管理从国家单一管理转变为目前的国家、地方、学校三级管理。学校拥有了课程权利和课程责任，课程成为学校教育改革中的"热频词"，课程改革、课程建构越来越受到学校的重视，课程被视为学校核心竞争力的重要标志，课程建设成为学校教育的中心任务之一。

一、课程改革的发展趋势 >>>>>>>

在 2001 年我国启动的课程教学改革中，教育部颁布了义务教育阶段 17 个学科 18 种课程标准。各学校在"为了每一位学生的发展"的核心理念的引领下纷纷行动起来，重新认识课程的价值取向、理论基础、课程管理、课程设置、课程内容、课程实施、课程评价等方面，并进行了大幅度的革新。这对学校的发展产生了深远影响。

这次课改的价值取向是提倡每个人通过教育都能获得发展。理论基础融入了许多先进的教育思想，如建构主义理论、学习科学理论、后现代主义等观点，体现了课程改革的综合性、生活性、实践性、多元性和情境性等特点。但是这次课改的重点在课堂教学方面，对学校课程的改

① 钟启泉：《课程的逻辑》，2 页，上海，华东师范大学出版社，2019。

变相对于教学来说比较少；而且教学改革多在形式上进行了革新，对学科教学本质的认识和改革并没有深入下去，导致学生还停留在机械的、被动的浅层学习层面，自然难以对学生的学习与发展产生深远的影响。于是产生了课堂教学外在有余、内在不足的现象。[①] 为了改变课堂教学中缺少触动学生心灵深处的情感体验的情况，继 2011 年课程标准修订之后，《教育部关于全面深化课程改革 落实立德树人根本任务的意见》的颁布，意在通过学校课程建设和课堂教学改革达到全面育人的目标。这次改革并没有大刀阔斧地改革原有框架，而是对其进行了某种程度的纠偏和修正。例如，在课程目标上，注重学生核心素养的培养，并依据学生发展核心素养体系，进一步明确各学段、各学科具体的育人目标和任务，完善高校和中小学课程教学有关标准。将社会主义核心价值观融入各学科教学中，在发挥各学科独特育人功能的基础上，充分发挥学科间综合育人功能，开展跨学科主题教育教学活动，将相关学科的教育内容有机整合，提高学生综合分析问题、解决问题的能力。进一步提炼和精选学生全面发展和终身发展必备的、最基本的知识内容，做到容量适当，难易适度，避免内容偏多、偏深。在课程管理上，教育部组织编写、修订中小学德育、语文、历史等学科教材。在课程评价上，加强了学业质量管理和国家统一考试的力度。[②]

综上所述，21 世纪我国基础教育阶段课程改革总的发展趋势表现为以下四个方面：第一，倡导整体育人的理念，充分发挥课程在人才培养中的核心作用，综合育人、全面育人，促进学生全面发展、健康成长的宗旨一直没有改变，力求广泛的社会公益目标与个人目标相统一。学校

[①] 李松林：《有效课堂学习的根本机制》，载《教育理论与实践》，2012(2)。

[②] 《教育部关于全面深化课程改革 落实立德树人根本任务的意见》，http://old.moe.gov.cn/publicfiles/business/htmlfiles/moe/s7054/201404/167226.html。引用日期：2020-10-08。

课程的目的是培养和发展学生适应未来社会和终身发展的必备品格和关键能力。第二，聚焦于学生核心素养。当今国际社会很多国家注重学生核心素养、关键能力的培养，这就必然要求学校的课程设计和教学内容与之相适应，也就是从原来聚焦知识转向关注知识与核心素养和谐统一的诉求上来。第三，在学科教学中，从关注知识点的掌握、概念的理解转向关注学科素养与跨学科素养，倡导在学科教学中关注"问题学习""深度学习""对话性学习"。第四，强调终身学习的重要性与学生的主体性。后现代主义课程观强调知识的内在结构，体现知识的依存性。

二、学校课程建构的重要价值 >>>>>>>

课程是学生全部学校生活的总和，课程也是彰显学校特色的重要指标。我国自实施课程改革以来，学校的课程建构迎来了发展的关键时期，特别是 2014 年以来，学校的课程与课程体系建设逐渐被校长和教师们所重视，各地区各学校开展了轰轰烈烈的学校课程体系建设。

《国家中长期教育改革和发展规划纲要(2010—2020 年)》提出："为每个学生提供适合的教育。"落实到学校课程建设上，其本质就是提供适合学生发展的课程。这是学校课程体系建设必须坚守的一个重要信念。在一线教学实践中，课程是学校教育的核心要素，课程建设是学校工作的关键领域，课程实施是学校内涵发展、教师专业发展和学生全面发展的具体表现。[①]

(一)体现国家意志，确保国家课程的有效实施

三级课程管理体制实施以来，学校有了更多的办学自主权，校本课

慧心课程——指向学生核心素养的校本创意与深度实施

---

① 陈如平：《学校课程体系建设之"一二三"》，载《中国民族教育》，2016(7)。

程的开发与实施成为学校面临的新的难题。学校如何以国家课程为主体，统整地方课程与校本课程，使之成为一个有序而高效的整体？从某种意义上讲，地方课程也是国家课程的一部分，所以学校能够自主研发的其实只有校本课程。但校本课程的开发并不是为了特色而特色、为了发展而发展地乱开发，而是需要与国家课程标准和教育政策精神相契合，在国家课程有效实施的基础上开发。

(二)尊重学生个体差异，满足学生学习需求

学校课程建设尊重、承认学生兴趣、经验等个性的差异性，根据学生的年龄阶段、个性需求与学校的课程资源、学校特色或传统的独特性，为每一位学生自主发展、个性发展与多样化发展提供课程选择空间与平台。国家课程重视对学生共性的满足，但却忽视教育中的差异性。而差异性却是教育发展和提升的重要资源。学校课程建设立足于学校的历史、文化和现实状况，立足于每一位学生。立足于学生的实质就是照顾学生的个体差异性。

(三)彰显学校品牌，体现学校的特色

学校的特色可以体现在方方面面，学校课程是最为核心的表征。学校的课程特色不仅体现在国家课程和地方课程有效、有特色地实施上，而且体现在校本课程的开发中。学校根据地方特色和学校的实际情况，根据学生的学习需求，充分开发适合学生差异的校本课程，这是保持学校活力和长久发展的重要途径。

(四)提高教师课程研制能力，促进教师专业发展

课改赋予教师课程开发的权利和义务。校本课程开发得益于校长和

教师强有力的课程领导力。无论是薄弱学校，还是优质学校，决定学校发展水平和发展前景的不是学校基本硬件和学生学习基础。优秀的校长和教师才是决定性因素，他们是把学校办好、让学生学好的根本。具体而言，教师的发展水平决定了学校课程开发和落实的情况。一方面，学校的课程须由教师开发，如果教师的专业水平较高，其课程开发的能力相对就会好一些，如果教师的专业水平低或者学校缺少具有相关专业技能的师资，校本课程开发就会受到阻碍；另一方面，某些校本课程的开发实质上也是教师专业拓展的渠道。

(五)遵循课程建构逻辑，形成系统、整体的校本课程体系

课程建设是需要遵循一定的逻辑的，只有遵循一个逻辑起点，才能确保课程建设不混乱。校本课程体系建设应该纳入学校发展的整体框架中，国家课程、地方课程与校本课程的建构工作应该纳入整个学校发展图景的建构中。从系统论的角度看，课程体系是学校整体发展图景的有机组成部分。课程目标、课程内容、课程功能、课程实施、课程评价和课程管理是构成校本课程体系的六大基本要素。课程体系建构需要在办学理念和育人目标的指导下将六大基本要素统整起来，突出课程的育人功能及其实现路径。

三、校本课程存在的问题 >>>>>>>

学校积极建构自己的课程体系，开发了很多有特色的校本课程，但在开发的过程中存在很多问题。

(一)校本课程建设随意性较强

在校本课程建设中存在两种现象：一种是根据师资情况开设课程。例如，学校有书法专业的教师就开设书法课程，有舞蹈专业的教师就开设舞蹈课程。根据学校的师资来决定学校校本课程的开发方式，因人设课问题严重。另一种是"拍脑袋决定"开设课程。这种课程多数是某位领导在某个场合看见某个课程比较好，就决定在本校开设同样的课程，对于为什么要开设课程、课程如何实施以及如何评价等都没有一定的规划和设计，盲目性较强。

(二)学校课程碎片化现象严重

很多学校习惯于不断地开发、拓展课程资源，增加校本课程的规模，从来不停下脚步认真思考"我们为什么要设计这样的课程""这样的课程对学生有何价值和意义"，缺乏对"量"的压缩和"质"的精选。

(三)逻辑混乱，源于多个逻辑起点

课程建设应在整体规划下具体实施，但现在很多学校的校本课程建设只是众多校本课程的累加，存在很多拼盘式课程。具体表现为：校本课程的整体建设与学校整体发展目标、学生的发展目标缺乏内在的一致性；各个课程内容、各种课型之间以及课程板块之间比较零散，缺乏有效整合；课程理念、课程目标与课程内容、课程实施缺乏一贯性，统筹设计不强。

(四)课程设计浮于表面，浅层化严重

各学校的校本课程设计没有根据本校的实际情况、深入分析学生的

发展需求，课程设计较少深入课程的本质和内核，较少触及学生学习与发展的根本部分，没能充分发挥出校本课程建设在促进学生可持续学习与个性化发展方面的价值和作用。

　　总而言之，课程改革需要学校积极的投入，需要深入的思考。正如有的学者所言：课程改革需要热情，更需要理性；需要勇气，更需要智慧。学校课程的建设需要大家的智慧和力量，同时也需要从方法论上予以指导和引领，课程改革既需要"自上而下"的顶层设计，又需要"自下而上"的探索实践。

一、以人为本 >>>>>>>>

课程建设的发展历史大体经历了三个阶段：行为主义—认知主义—建构主义。建构主义又从个人建构主义发展到了社会建构主义，社会建构主义倡导知识学习是通过与他人的心灵沟通和交往获得的。基于社会建构主义知识观和学习观的课程，其目标是使学生"学会关心，发展智慧"，即力求使学生的人格获得健全发展。学校是培养人的地方，是培养人的精神生命与智慧生命的场所。遵循人的生命发展规律，满足人的精神生命需求，提升人的智慧生命的价值，是学校建设的基本出发点。学校课程应当因应每一个儿童的需求、兴趣与个人成长。有效的课程在强调有关种种知识体系的关键概念与过程、结构与工具的同时，也能够扎扎实实地引导每一个儿童选择自己应当学习的领域。[①]

学生精神生命和智慧生命成长是学校课程建设的焦点。杜威曾说，儿童和课程仅仅是构成一个单一的过程的两极。正如两点构成一条直线一样，儿童现在的观点以及构成各种科目的事实和真理，构成了教学。杜威在超越"学科中心论"和"儿童中心论"对立的基础上，以一个全新的视角揭示了一个鲜明观点，即学科或科目内容的逻辑顺序与学生生长的心理顺序在本质上是一致的，它们都是学生主动活动的结果。不仅如此，杜威还试图在儿童的经验、活动与系统科目的教材之间进行调和。为此，他提出要研究儿童不同发展阶段的需要与可能性，给儿童提供有助于其

---

① 钟启泉：《课程的逻辑》，91 页，上海，华东师范大学出版社，2019。

"生长"的课程。[①] 学校在课程建设中必须认真思考三个问题：学生需要获得什么知识，学生需要获得什么能力，学生如何获得这些能力。聚焦需求，回归教育原点，促进学生的可持续学习和全面个性的充分发展，是学校课程建设的根本落脚点。

二、系统建构 >>>>>>>

目前，学术界对学校课程体系的建构方式和方法给予了高度关注。有学者从顶层设计角度出发搭建学校的课程结构体系，有学者从系统论的角度统整国家课程、地方课程与校本课程，还有的学者从课程模式的角度设计学校课程体系。综合分析发现，学校课程及其体系无论是建构还是重构，都离不开以下六个步骤：

（一）梳理分析历史现状

任何一所学校，从建校那天起，就形成了自己的文化特色，这是学校独有的名片，也是学校课程建构的历史基础。学校的特色发展是建立在学校原有特色基础上的强化与凸显，学生的个性化发展亦是如此，因此对学校的历史与现实状况进行深入的分析是整个改革的奠基性工程。

1. 回溯历史，盘点家底

学校课程的建设要建立在已有基础之上，因此挖掘和梳理学校的办学历史及其承载的历史使命，有助于明晰学校的办学传统与特点。学校的历史，就是学校"气质"形成的渊源；学校的历史，就是学校文化的"根"。对学校历史的挖掘就是在寻根溯源，夯实课程顶层设计的地基，

---

① 杨四耕：《首要课程原理：学校课程发展的整合性架构》，载《江苏教育（中学教学版）》，2019(8)。

这是学校课程建设的基础性工作。

2. 分析现状，回应现实

教育是随时代变化而不断发展的，学校的发展是在不断解决现实问题的过程中逐步推进的。把握学校的发展现实，分析学校发展中的核心优势，掌握学校发展的突出问题等，有利于为课程建设找到切入点。目前学校使用较多的是 SWOT 分析法。学校针对现实状况的优势、劣势、机遇、威胁等进行深入的分析，从而为学校的课程建设奠定良好的现实基础。

(二)重新审视学校文化

广义的学校文化包含学校建设中的所有要素，自然也包括课程建设。学校的课程建设是在学校整体文化的建构下自成体系的。但是课程中的课程理念、课程目标与课程实施均离不开学校文化的界定。

1. 提炼办学理念，确立办学思想

学校文化中的办学理念与育人目标，是统领学校一切要素的核心所在，所以重新审视学校的文化，分析学校文化的逻辑起点，对学校课程建设影响较大。办学理念是学校发展内涵和学校发展特色的集中体现，是学校办学过程中产生的一系列教育思想、教育观念与教育价值追求的总和，是学校自主建构起来的总的办学指导思想。[①] 学校的办学理念与育人目标，也是学校发展的灵魂，规定了学校办学的方向、课程结构体系的价值取向。但一些学校在课程改革过程中，出现了选修课程碎片化的问题。从根本上说，这是由于学校对办学理念与育人目标定位不清。

提炼办学理念，一般情况下有从实践中提炼、于历史中传承、在移

---

① 陈如平：《学校课程体系建设之"一二三"》，载《中国民族教育》，2016(7)。

植中重立、在开拓中明朗四种方法。不同的学校采用的方法不同：对于有悠久历史的学校，可以从学校历史中继承和发扬；对于有一定实践基础的学校，可以从实践中不断地分析和提炼；对于目前还没有明确办学思想的学校，可以借鉴和学习其他学校的经验并结合本校的实际情况，在移植中确立办学理念；对于新成立的学校，可以在开拓中逐渐明晰办学理念。

2. 确定育人目标，厘清要素逻辑

育人目标是办学理念的具体体现，确定好育人目标和办学理念，需要认真考量学校各个要素之间的逻辑关系。学校文化主要包括办学理念、育人目标、办学目标、校训、校风等要素，各个要素需要源于一个逻辑起点，即学校文化概念与办学理念和实践体系要逻辑自洽，各个表述之间要保持一致性和连贯性。逻辑自洽是学校文化具有信服力和文化个性、特色得以立足的必备条件。

学校文化逻辑自洽可以遵循以下三个步骤：其一，学校文化的逻辑起点具有唯一性。也就是说，学校文化中的各个要素及其分解变量均要源于一个逻辑起点。这个起点就是概括学校特征的学校文化概念或者学校文化标签。其二，围绕一个逻辑起点展开学校文化理念体系和实践体系构建，表述简练，朗朗上口，去除旁支。其三，学校文化理念体系及其实践体系的每个表述都要精练准确，用词考究，而且有一定的思想内涵，能够表达学校文化个性和集体人格特征。

（三）确立课程相关要素

早期的课程被学术界定为"跑道"，但是随着教育的发展，学校的课程又有新的发展，课程并非单纯为学生预设的"跑道"，而是让学生沿着"跑道"跑的过程，也就是说，课程不是单纯静态的固定框架和学校的教

慧心课程——指向学生核心素养的校本创意与深度实施

育计划，而是师生在一定的教育情境下展开文化探索的动态生成过程。[1]

1. 明确分类标准，厘清概念逻辑

课程的分类有很多种，总体来看，每种分类方法都有自己的道理。例如，从管理体制上划分为国家课程、地方课程、校本课程；从课程内容上划分为语言与阅读、数学与科技、品德与健康、艺术与审美等；从实施路径上看，有学科课程、活动课程、实践课程、社团课程和环境课程等。具体到一门课程，可能兼具上述数种特征。

2. 界定课程内涵，清楚课程外延

学校课程体系的建构者需要明确国家课程、地方课程与校本课程三者之间的关系。基础性课程包含国家规定的必修课程、地方课程标准中的统一学习内容和部分校本课程。基础性课程由各学习领域体现共同基础要求的学科课程组成，是全体学生必修的课程。

拓展性课程包括国家课程中的一小部分（如综合实践活动的部分）内容、部分地方课程教学内容和校本课程的大部分内容。学校提供给学生自主选择的学习内容，旨在培育学生的兴趣特长。拓展性课程主要满足学生的个性化学习需求，一般情况下应由学生自主选择。拓展性课程分为限定选修课程和自主选修课程，限定选修课程主要包括国家规定的专题类学习课程和地方与学校强调的综合实践、班团活动以及社会服务、社会实践等课程。

研究性课程主要是为有研究潜力和兴趣的学生而设，是学生运用研究性学习方法，发现和提出问题、探究和解决问题，培养创新精神、研究与实践能力、合作与发展意识，促进深度理解和恰当运用知识的能力的课程，是全体学生自主选修的课程。

———————————

[1]　钟启泉：《课程的逻辑》，1页，上海，华东师范大学出版社，2019。

学校课程中还有其他类型的课程，对这些课程内涵与外延的界定感兴趣的读者可以参考相关书籍。

(四)搭建学校课程体系

学校的课程设置决定了学生发展的可能性。所以，学校的课程设置与建构需要综合考虑学校的整体情况。课程理念与课程目标应在学校办学理念和育人目标的统领下提出和建构，基于此的课程体系应当在学校文化逻辑观照下生成和架构。就课程论课程，不考虑学校的历史与现实，随意添加或者凭空增设课程的做法是不可取的。

1. 解析学校的核心理念，提炼课程指导思想

学校确立的办学理念，是学校课程建设的灵魂与核心。学校办学理念一般蕴含了教育目的、教育思想、教育内容、教育方式等多种要素。深入挖掘核心理念的根本目的和根本意义，充分解析核心教育理念蕴含的教育哲学，在此基础上，形成学校课程的指导思想，在课程指导思想的引领下，完成学校课程建设各个层次、环节、方面和要素之间的有效整合，而后才是课程结构体系和特色课程群的建设。

2. 建构有机课程整体，形成学校课程结构

有机课程整体的建构需要有效整合学校层面整体的课程理念、课程目标、课程内容体系、课程进程与评价方式，合理设置课程门类，优化不同类型课程之间的关系。学校课程在构成上一般包括领域、平台、模块和具体课程四个部分，即基于学生的学习领域，开发出若干课程平台，每个课程平台包括若干课程模块，每个课程模块又包括若干具体的微型课程。

(五)有效落实学校课程

学校的课程要真正助力学生的成长，光靠提供课程这一骨架是不够

的，还需要通过与之相辅相成的课程实施来落实，并且需要考虑多样化实施方式。考虑到课程实施的时空条件，学校可以采用长短课、连排课、大课小上、小课大上、主题整合课、兴趣选修、社团活动等多种方式。课程实施的重点在于课堂教学。学校在课程实施上需要在学校课程体系下进行建构，建构的主要步骤分为三个层次。

第一层，在学校文化、课程体系下深度分析教学现状，对学校教学中存在的优势和问题做出客观中正的分析。采取的方法主要是由学校成立专门委员会，进行现场观课、与教师座谈、家长和学生意见收集与整理，得出诊断结果。

第二层，围绕国家课程改革把握课堂教学改革大的趋势，分析和把握当前教学改革的价值潮流。

第三层，围绕学校的办学理念和课程理念，明确提出学校教学改进的目标与愿景，提炼学校教学改进的思想、模式及方法。由于每所学校的文化基础和课程理念不同，所采取的课堂教学模式和方法会有相应的指向性，这让不同的课程体系对应不同的教学模式。学校教学改进的思想、模式、方法以及由此所具有的教学特质，都要与学校课程结构的总体特征尽量保持一致。

（六）建立管理保障制度

学校课程从开始的顶层设计到最后的具体落实和评价都需要一定的制度保障。具体来说，如果要确保学校课程的各个要素之间目标一致、理念一贯、结构统一、功能协调，就需要解决好资源、环境、队伍与制度相配套的问题，其中的关键是教师要有一定的课程领导力。课程的实施除了要有很好的内容之外，还需要人的参与，而关键在于教师对课程的实施与开发。新课程改革要取得成功，需要教师参与其中，使他们成为课程的研究者、设计者、开发者、决策者、评价者、创造性的执行者，也就是教师要成为课程领导者，具有课程领导力。实践证明，教师个人无法有效发挥这种能力。它需要教师之间的相互配合协调，通过教师共同体对课程进行研发。在课程的研发和优化过程中，教师之间的关系至关重要，而教师之间的关系同样影响学校文化的形成和发展。所以，基于教师队伍的课程领导力的学校制度的建设是设计的关键。这就是学校课程建设顶层设计的最后一环，也是最重要的一个环节。

三、理论基础 >>>>>>>

在我国第八次课程改革开始之前，世界上已经出现过三次课程改革。20 世纪初的课程改革的理论基础是杜威的实用主义思想；20 世纪五六十年代课程改革的理论基础是布鲁纳的结构主义教育思想；20 世纪 80 年代课程改革的理论基础是新兴的建构主义理论。我们国家课程改革的理论基础是什么？我国的学者对此进行讨论后认为，有建构主义、实用主义、马克思关于人的全面发展的学说以及后现代主义课程观。学校课程建构的理论需要吸收多种理论的养分，除了上述理论外，学校课程体系的建构还需要方法论的指导，也就是从整体系统论的角度进行梳理和建构。

当前学校课程体系建构的主要矛盾在于整体而非局部。学校在建构课程体系时需要将课程体系作为一个系统，用系统论的思想改革课程体系，从课程内容、课程结构与运行机制等方面进行多级优化，从而实现课程体系的整体优化。之所以采用系统论的思想统整学校的课程，主要是基于系统的整体性包含三个层面的含义。其一是系统内各个要素是相互联系和彼此影响的，它是作为一个整体而存在的；其二是系统的功能不是各要素功能的简单相加，而是各要素功能的总和加上各要素相互联

慧心课程——指向学生核心素养的校本创意与深度实施

系形成结构产生的新的功能；其三是系统内各要素的功能和综合功能只能统一和协调于系统的整体中，离开整体后各个要素的功能是不能完全发挥出来的。

课程体系作为一个系统，每门课程在课程体系中是相互联系和彼此影响的，每门课程的设置、内容的选择都要依赖于其他课程；课程体系的总目标是通过分解为具体的课程目标和课程体系结构目标而实现的。从系统论的角度建构学校的课程体系对课程功能的发挥起到事半功倍的效果。

为深化教育领域综合改革，保证基础教育课程改革工作顺利推进，根据北京市教委关于印发《北京市实施教育部〈义务教育课程设置实验方案〉的课程计划(修订)》的通知要求以及《海淀区实施〈北京市义务教育课程设置实验方案〉的课程计划(2015年修订)》有关文件精神，定慧里小学基于学校的实际情况，有效整合国家课程、地方课程和校本课程，合理设置让学生终身受益的整体课程体系，提出慧心课程体系，促进学生健康、快乐、全面、多元发展。

一、学校办学理念的提出 >>>>>>>

定慧里小学建于1991年，因坐落在定慧西里小区内，取名"定慧里小学"。"定慧里"有笃定、聪慧、有礼之意，这也是对学校教师追求和学生追求的一种展示。

学校以关注核心素养、提升学生综合能力为出发点建立了慧心课程体系，从道德与修养、语言与人文、科学与技术、体育与健康、艺术与审美五个方面开设了校本课程。为全面深化教育综合改革，学校在不断深入挖掘历任校长办学思想内涵、继承与发展前任校长办学思想的基础上，提出了"致力于创建学生喜欢、教师幸福、家长满意、社会认可的理想学校"的办学目标。在发展与创新的实践中，学校确立了以"慧心乐行，幸福人生"为办学理念的慧心教育，并从"慧美德育""慧心课程""美慧校园""智慧教师"四个角度进行慧心教育体系的建构。近年来，慧心教育在实践层面取得了较为理想的成果：慧美德育成为师生价值观形成的基石，

慧心课程成为师生多样化成长的途径，美慧校园环境成为师生多样化成长的空间，智慧教师发展成为学校师生幸福、共同成长的源泉，多元评价成为学生多样化成长的动力。如今，具有时代精神、独具特色的慧心教育体系正借助学校丰富多彩的课程日趋完善。

学校对"慧心乐行"进行了诠释：

慧者，心系于事。慧上面的两个"丰"，分别代表国事和天下事，中间的"彐"代表家事。从字面上来看，国事、家事、天下事都放在心上，称为"慧"。家离心最近，说明家事是最容易接触的事，也是最应该做好的事。正所谓一屋不扫，何以扫天下，就是这个道理。放在心上，就要用心去想，去思考，思考事物之间的规律，思考事物之间的关联和作用。这些道理都弄懂了，"慧"就产生了。慧是一种精神，一种状态，当一个人的修为达到这种状态，持有这种精神的时候，就具备了"慧"。"慧心"即聪慧之心，指能领悟真理的心，泛指智慧。"乐行"即具有乐观的心态，愿意积极尝试新鲜事物，最终使思维多元，更具创新力。"慧心乐行"，即希望师生在静思励志、品悟践行中不断磨炼，具有坚定的信念、平和的心态、深刻的思想，最终拥有明辨是非的认知能力、发现并解决问题的实践能力，从而开启智慧之门，拥有幸福人生。

学校以"慧心乐行"为核心，通过教育让学生拥有坚定的信念，使精神得到满足；拥有平和的心态，使内心得到安宁；拥有追求的智慧，使创造可以实现。学校致力于培养由内而外全面发展的学生，让他们具备人生必需的各种能力，成就"幸福人生"。"慧心乐行，幸福人生"是定慧里小学对教育的至高追求。

教育家陶行知曾说："今日的学生，就是将来的公民，将来所需要的公民，即今日所应当养成的学生。"合格的幸福小公民是未来的建设者，需要具备良好的文化教养、敢于担当的气魄、富于创新的意识。为此，学校提出了"培养有底蕴、有智慧、有担当的未来幸福公民"的育人目标。

二、慧心课程的概念解读 >>>>>>>>

课程是学生的课程，因而学生的需要是建构课程的基本出发点之一。学校基于校情、学情提出"慧心"教育，进而提出"慧心"课程，这里的"慧心"有两层含义：一是智慧的心，泛指智慧；二是"慧"及心灵的教育。

(一)慧心课程是开启智慧的课程

对"智慧"的理解需要置其于当今社会生活和教育教学中，它主要指个体生命活力的象征，是个体在一定的社会文化和心理背景下，在知识、经验习得的基础上，在知性、理性、情感、实践等多个层面上生发，在教育过程和人生历练中形成的应对社会、自然和人生的一种综合能力系统。它不只是一般意义上的聪明，更不只是心理学概念中的智商，它是每个个体安身立命、直面生活的一种品质、状态和境界。正因为如此，人们常讲人要有大智慧才会有大格局。[①] 智慧涵盖了个体已有的知识经验与经历，个体所有的经历都有可能转化为智慧。智慧不能像知识一样直接传授，但是它可以在获取知识、经验的过程中得到发展、丰富。因此，教育在发展人的智慧方面发挥着不可替代的作用，好的教育有利于智慧的发展，不良的教育可能限制和压抑人的智慧发展。只有智慧的教育才能培养出智慧的人，只有智慧的教师才能培养出智慧的学生。同样，只有智慧的校长才能带出智慧的学校。

---

① 庄军红：《论教育的智慧性》，载《新课程研究》，2018(8)。

(二)慧心课程是"慧"及学生心灵的课程

美国学者古德莱德把课程划分为五个层次，深入阐释了课程实施问题。第一，观念层次的课程；第二，社会层次的课程；第三，学校层次的课程；第四，教学层次的课程；第五，体验层次的课程。任何课程改革都需要经历这五个层次上的转化。在转化过程中，理解是转化的前提和基础。在理解的过程中，不可避免地要触及三种课程实施观，美国课程专家施耐德、波林与扎姆沃特将其概括为"忠实观""相互适应观""课程创生观"。①"忠实观"从字面上理解，即为教师忠实地执行课程研制者制定的课程政策、课程目标和课程内容，教师是课程的被动消费者。"相互适应观"强调的是课程决策者、课程研制者与教师相互适应、彼此妥协、共同创造的过程，所以教师是主动的消费者，教师可以根据实际情况适当地改变课程。"课程创生观"认为，课程是由教师和学生共同创造的教育经验，课程决策者和课程专家研制的课程是教师和学生创生自己课程的媒介，课程实施是教师和学生个人意义、经验、思想的生长过程，教师和学生不再是课程的消费者，而是自己课程的创造者。

目前，我国施行三级课程管理，国家课程和地方课程需要教师和学生的多次转化方成为校本课程。校本课程是根据学校文化的特点，结合每位教师的专业特点和学生的发展需要，依据国家课程和地方课程创生出来的，其价值在于实现并捍卫人的自由和尊严，不断发展人的创造能力。正如施耐德等人所言，心灵乃被点燃的火炬，而非被外部专家的知识所填充的容器。换言之，教师在创生课程的过程中，将国家课程、地方课程全部转化为校本课程，利用自己的智慧去理解、解构和转化课程，进而与学生产生

---

① 钟启泉：《现代课程论(新版)》，425页，上海，上海教育出版社，2003。

心灵之间的交流、智慧与智慧的碰撞。慧心课程的全部释义即在于此，即慧心课程是理解的课程，是触及学科本质和"慧"及心灵的课程。

三、慧心课程体现的重要思想 >>>>>>>

慧心课程体现的重要教育思想就是学校中的一切课程本质上都是校本课程，都是指向教师和学生智慧发展与心灵成长的课程。亨德森将"转化性课程"的构成要素分为六个方面：①促进学科理解与民主理解的整合；②持续进行的智慧性、反思性探究实践；③创生将设计、规划、教学、评价和组织决策连接起来的系统审议；④建设学习共同体；⑤在社会公共领域促进该课程领导；⑥关注个人的课程理解进程。通过个人与公共的课程理解、对课程的探究与审议，实现学科理解与民主理解的整合。① 所以，慧心课程的本质是对知识的理解、创生。正如行动研究法的倡导者勒温所说，理解事物的最好方式就是努力改变它。换言之，教师和学生理解国家课程、地方课程的最好方式就是改变、转化它们，将它们转化为自己的思想和经验，使之真正触动学生的心灵。

慧心课程在课程实施上的价值体现则在于课程实施主要是一种开启心灵、启迪智慧的精神活动。这种精神活动不仅关注学生的知识学习，而且关注学生的智力发展，但仅仅这些是不够的，课程实施最重要的目的是增长学生的智慧。如果说提升学生的生命价值是课程实施的根本目的，那么，这种生命价值从根本上指向的正是课程实施的精神价值和智慧价值。概言之，如何在教会学生知识的基础上，促进学生的智慧发展，进而提升学生的生命意义，是课程实施的根本价值。

① 张华：《论课程领导》，载《教育发展研究》，2014(2)。

第二章 整体建构：课程结构"大手术"

学校对自身发展历史的回顾、梳理和审视是其每一次变革的基础，这个过程有助于学校明确发展阶段的定位及未来发展的思路，从而寻找、挖掘变革的生长点，进一步增强学校的文化积淀。在立足现实的前提下，定慧里小学正是在不断审视学校发展历史的过程中，明确不同发展阶段的自我定位，寻找改革突破口，以坚持不懈的探索精神和务实求新的探索行为助推学校实现一次又一次变革和办学取向的转型。

一、梳理学校课程历史 >>>>>>>

　　海淀区定慧里小学于 1991 年正式建立。学校位于北京市海淀区西南部，毗邻著名的京西古刹定慧寺。刚刚建成时，定慧里小学规模不大，学生以附近小区回迁居民子弟为主，人数不多。家长对学校教育的期待仍然停留在基础阶段，学习成绩是家长判定学校教育教学质量的唯一标准。初期的定慧里小学在课程建设方面以国家课程为主，没有自主研发校本课程，培养学生全面素养的主要方式是课外活动。从师资队伍建设方面来看，刚组建的教师团队年轻、充满朝气，但是团队中缺乏有经验、敢于突破和创新的教师。

（一）严格执行国家课程阶段

　　1992 年，建校的第二年，国家颁布的《九年义务教育全日制小学、初级中学课程计划（试行）》将教学计划改为课程计划。之后一年，中共中央、国务院颁布了《中国教育改革和发展纲要》，确定了我国 20 世纪末教育改革与发展的基本目标和任务。那时的学校，紧紧围绕这两份文件的精神，依照上级的教学大纲、教材确定了学校的教学计划，正式开启了学校的课程建设。此时的学校课程以国家课程为主，侧重学科知识，以全面落实教学大纲为准绳，推进教育教学工作的开展。这一时期，由于过分强调学科的系统性和整体性，学校在课程安排上重理论轻实践，在教学上表现出重记忆轻理解的倾向，缺乏对学生兴趣、情感体验和能力、

健全人格形成的关注。课程内容与实际需要脱节，不能满足学生的个性化发展。

(二)校本课程开发的萌芽阶段

2001年6月，《基础教育课程改革纲要(试行)》颁布。对于"学校课程的构成"，《基础教育课程改革纲要(试行)》提出"根据课程决策主体的不同，学校课程可分为国家课程、地方课程和校本课程三个组成部分"。学校在开展国家和地方课程的同时，结合学校的传统和学生的兴趣和需求，尝试开发或选择了一些适合学校的校本课程。但是缺少整体设计和规划，强调各学科的分段和独立，造成各门课程之间缺乏有机的联系与呼应，校本课程的实施并未达到理想效果。

中共中央、国务院在2010年颁布了《国家中长期教育改革和发展规划纲要(2010—2020年)》，明确提出了未来的发展目标，明确其核心是解决培养什么人、如何培养人的问题。重点是培养学生的社会责任感、创新精神和实践能力，坚持德育为先、能力为先、全面发展是提升学生社会责任感、创新精神和实践能力的途径。在这一阶段，定慧里小学的课程建设开始发生变化，学校重新梳理了办学历史和特色，尝试进行具有自身特色的课程体系建设。

(三)"慧玩"课程的提出

2012年，在国家课程的引领下，随着学校办学理念、指导思想、育人目标的变化，学校课程在传承中不断创新发展，以适应时代的发展，应对未来对人才需求的变化，由之前只关注国家课程过渡到关注国家课程及校本课程的开发和利用。学校构建了五彩缤纷的"慧玩"课程，"慧玩"课程的主旨是弘扬中华优秀传统文化，注重以人为本、注重学生的体验和感悟，促进学生全面、和谐、个性发展，为学生的幸福生活奠定基础(如图 2-1 所示)。

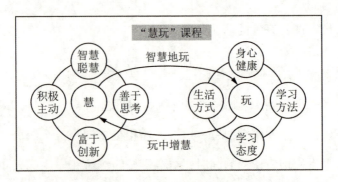

图 2-1 "慧玩"课程体系图

(四)学校课程系统建构阶段

2014 年，《教育部关于全面深化课程改革 落实立德树人根本任务的意见》颁布，为全面深化课程改革提出了具体的目标。2015 年，《北京市实施教育部〈义务教育课程设置实验方案〉的课程计划(修订)》及《海淀区实施〈北京市义务教育课程设置实验方案〉的课程计划(2015 年修订)》发布。定慧里小学基于这些文件的精神和学校教育教学的实际情况，重新建构、制定了课程方案。这次课程方案的重构，对学校的教育教学影响较大。

为提高学校教育质量，促进学生全面发展，提升教师课程意识，凸显学校办学特色，学校不断深入挖掘办学历史，思考教育的本质，在继承与发展的基础上，以关注核心素养、提升学生综合能力为出发点，提出了"慧心乐行，幸福人生"的办学理念，希望学生在静思、励志、通达、品悟、践行中不断磨炼，开启智慧之门，拥有幸福人生。以创建"学生喜欢、教师幸福、家长满意、社会认可的理想学校"为定位，学校的课程系

统明确了"培养有底蕴、有智慧、有担当的未来幸福公民"的育人目标，创建了以关注核心素养、提升学生综合能力为出发点的"慧心"课程。开设的课程包含五个方面：道德与修养、语言与人文、科学与技术、体育与健康、艺术与审美。以此助力学生全面发展。

2015 年到 2019 年，学校的办学影响力逐年攀升，生源不断扩大。然而在这次大的飞跃后，学校的发展遭遇了瓶颈，如何高位再发展是摆在眼前亟待解决的问题。

二、学校课程现状分析 >>>>>>>>

学校发展到一定阶段，当前的教育是否符合当下的教育方针、是否能够满足家长日益增长的教育需求，需要学校领导与教师冷静下来，重新梳理办学定位、办学理念和育人目标，明确学生的核心素养和发展能力，确定学校的课程结构与设置，研制课程规划，让育人目标在课程中扎根，让课程真正服务于学校的育人目标，实现学校办学理念、育人目标、核心素养、课程结构与设置、课程实施符合一脉相承的内涵式发展逻辑。同时，通过对学生的兴趣与需求的统计，学校发现学生感兴趣、想学习的内容不一定能够成为学校的课程内容。硬件设施、人力资源等现实条件的制约是造成这种现象的主要原因。为了更好地解决这个问题，学校采用 SWOT 分析法，对学校目前的课程建设进行深入的调研和分析。

（一）优势（S）

其一，学校全面实施课程体系建设，以培养学生核心素养为重点，确立了大课程理念，将繁杂的教育教学活动纳入课程，教育教学体系更加规范、融洽。

其二，学校办学影响力的提升，促使生源不断扩大，家长资源日益丰富；学校周边不断发展，提供给学校越来越多的社会资源。

其三，在课程的不断开发和实践过程中，教师自身得到了成长，教师从执行者逐渐变成研究者、创造者。更重要的是，教师擅于在工作中不断进行自我反思和研究、发现问题，运用自己的教育智慧去解决问题，将漫长、枯燥的教育过程变成不断促进自己专业发展和可持续发展的过程。持续不断的学习已经成为学校教师群体一种自觉的追求，教师能够将自身的发展与学校的发展紧密结合。截至目前，学校拥有一支爱岗敬业、乐于奉献、潜心钻研、勇于创新的教师队伍。定慧里小学的教师充满积极阳光的正能量，教育理念先进，改革意识强，追求观念的转变、知识的拓展、能力的提高以及道德修养的加强，是课程建设重要的资源保障。同时，课程开发的人才资源较为丰富。学校一位退休教师在美术方面颇有造诣，作为学校特聘专家一直致力于年轻教师的培养。另外，卵石画和面塑的非遗传承人长期作为课程资源专家为学校提供服务。丰富的家长资源为学校开展家长大讲堂提供了充足的保障。

其四，校外资源丰富。定慧里小学隶属于八里庄街道，位于海淀区南部，附近可用于课程开发的资源有古迹慈寿寺塔、定慧寺等。

（二）劣势（W）

其一，学校初步实现了课程体系建设，但仍停留在课程整合的初级阶段，结构松散，缺乏横向整合和深度挖掘，缺乏内部一致性。并且，课程在开发的过程中过于追求丰富多彩的课程形式，导致一些课程的开发浮于表面，缺少整体性考量和精细化建设，不能为学生提供可持续发展的动力和资源。

其二，学习方式陈旧。学习方式的转变在课程开发和实施过程中十分重要。从课程实施方面来讲，虽然有些教师努力转变学生的学习方式，为学生提供交流的机会与空间，但是由于时间、空间、课程资源等多方面的局限，在一定程度上削弱了学生的学习兴趣，限制了学生的体验、探索及展示。还有一些教师固守知识本位，极大地制约了学生主体性的发展。

其三，课程领导力过分依赖校长的个人才能。在过去的课程开发过程中，从发现问题、制定解决问题的目标，到挖掘和提供资源，乃至课程开发的积极性，校长始终走在前面。很显然，这并不符合课程领导力推进的要求。促进学生的发展是校长课程领导的目的和归宿，但是学生的发展更多是由与之关系更为密切的教师直接推动的，尽管校长做了很多工作，但难免出现力所不逮的情况。

其四，课程开发依然存在因人设课的现象。教师的专业成长方向没有与学生的学习兴趣契合。课程要与时俱进，始终处于动态优化之中，才能富有生命力，才能成为学校发展的动力。教师的课程意识、课程知识、课程理解与课程能力诸方面构成教师的课程素养。教师的课程素养是其专业素养的重要组成部分。综合分析定慧里小学教师的课程素养，其理解与创造课程的能力和课程规划、实施、评价方式均略显不足。课程的研究与开发在目标和内容上侧重于学生的学习兴趣和认知水平，但脱离了学校整体课程规划的框架。教师仍然专注于自己负责的课程，所设计课程偏离了课程规划的框架，不完全符合学校的办学理念和教育目标。三级课程整体的融通和建构存在不足。

其五，缺少科学有效的课程评价体系，评价方式针对性较差、实效性不强，课程开发者对此不够重视。

其六，课程的社会适应性不足。随着经济全球化进程的加快，世界各国交往日益频繁，培养具有国际视野和跨文化生存能力的学生成为时代发展的必然要求。但是，学校目前在适应这种新要求和新趋势的过程中还有所欠缺。

(三) 机遇(O)

教育改革的方向更加明晰。2015 年，国家进一步重视课程建设，北京市海淀区积极推动各学校重新梳理自己学校的课程方案，这些都为学校的课程建设创造了机会。教师对课程开发的意识逐渐增强，并且有意愿根据自己的特长开发一些学生喜欢的校本课程。家长参与学校事务的热情高涨，为学校的课程建设提供了许多资源。

(四) 威胁(T)

教师的育人理念、个人能力有待提高，理论水平不足、经验不足、知识储备不足，很难进行科学合理的顶层设计、课程实施和课程评价，是学校教师普遍存在的问题。每门课程都给学生提供了发展的机会，课程越丰富，学生的发展机会越多。当下的一门课程、一个兴趣爱好的培养，影响的可能是学生未来的无限可能。从学校的角度出发，我们究竟为学生提供了什么样的机会和可能，能否为学生继续提供多样化的成长方式，学生能不能选择出自己喜欢的、适合的、需要的课程，这些都是未来发展需要思考的重要问题。

三、精简课程去粗取精 >>>>>>>>

要让一所学校的课程建设科学合理，首先要注重课程建设的顶层设计，深入解读学校的教育目标和教育理念，加强目标之间的内在联系。

课程只有从结构上体现出学校的教育目标和教育理念，才能通过课程培养实现既定的目标。

学生的兴趣和需求是学校课程变革首先需要考虑的因素。在以往的课程开发过程中，学校更多从教师的知识技能出发，而不是从学生的内在需求出发，忽略了学生的兴趣与发展需求。通过调查发现，在学校开足国家课程的基础上，学生对综合课程和实践课程有极大的兴趣和需求，尤其集中在科技、体育与艺术方面。同时，对生活技能的需求也逐步加大。学校目前开设的课程，已不能很好地满足学生对多元课程日益增长的需求，所以在现有课程的基础上，研发和开设更加多元的课程已成为促进学校发展和学生核心素养提升的必需。例如，学校有自己的菜园，一到课间，学生就喜欢围着菜园观看。教师发现后，组织学生针对自己的观察进行了提问。总结发现，对于小小的菜园，学生有很多想知道的"未解之谜"。某种蔬菜如何种植、养护、收割？这些蔬菜有什么营养？如何烹饪？各种问题在学生的头脑中生根发芽。这些由学生提出的问题是我们应该关注、应该开发的课程培育点。而这样的课程不单纯是以科学课为导向的课堂教学，学校需要进行国家课程校本化的跨学科课程建设，将不同学科所蕴含的知识和思维贯通融合，为学生提供完整、多元的课程。学生在建构知识与周围世界的关系的过程中，将知识与生活联系在一起，学会解释世界、探索世界和发现世界。

学校以往的教育活动，呈现散点式的特点，缺少系统构建，脱离课堂和教学实践。其实，立德树人这一根本任务不是独立的教育活动，需要系统思考、整体规划、精心设计、总体布局。这样，我们的德育才不是盲目的、碎片化的。立德树人根本任务的落实，应该在理念、方式、方法上紧跟时代的步伐，遵循学生发展的自然规律，从而进行创造性的设计和实施。我们要让德育成为师生价值观形成的基石。因此，学校将德育与学科教学、实践活动相结合，进行了由上而下的课程化建设，去掉了一些盲目的德育活动，建立起更加系统、更加科学合理的慧美德育课程。

在资源有限的前提下，为了实现学生的全面发展，突出学校特色，学校需要在原有的基础上不断优化课程结构，粗中取精，以少胜多。这样才能系统地把握学校课程建设，厘清课程脉络。在开设相应课程时，课程数量的增加不应被视为学校课程建设的核心内容。没有质量的课程建设是没有灵魂的。无论学校课程体系构建得多么完美，课程名称看起来多么符合学生需要，倘若课程本身的质量不高，不仅不能促进学生的发展，反而会造成课程资源的极大浪费，给师生增加额外负担。因此，学校一定要树立正确的课程观，关注课程的质量和实施效果，让学生在参与课程的过程中真正有所收获。

可培养、可塑造、可维持是核心素养的三大特点。学校要处理好核心素养同学校课程的关系，因为"核心素养之于课程改革具有统领性作用"，明确和坚持学生发展的核心素养，可以使课程改革具有更宽广的视野和更好的"方向感"，修订课程标准的依据更加明确，更具"核心感"，推动教学改革以培养素养为重点，从知识到素养，更具超越意识。

一、学生核心素养对学校课程建构的引领作用 >>>>>>>

课程改革密切关系着学生的发展。课程改革只满足社会需求是远远不够的，它还要根植于学生的自身发展，对学生核心素养起着支撑作用，是学生发展的基础，支撑着学生未来的发展。核心素养的培养使学生具备必要的品格和关键能力，使他们面向生活，走向未来。核心素养的提出，使课程改革充满了新的活力和丰富的内涵，进一步凸显了以人为本、以学生发展为核心的理念。[①]

广义来讲，核心素养指的是学生适应终身发展和社会发展需要的必要品格和关键能力，它强调个人修养、社会关怀和家国情怀，注重自主发展、合作参与和创新实践。从价值取向上看，它"体现了学生终身学习的必要素质，反映了国家和社会认可的价值观"。这里强调了个人素养与国家命运的关系，强调了个人价值观对未来社会的影响。纵观世界格局，中国当属高速发展之列，未来中国的命运与这些后备力量息息相关，他

[①]　高茂军、王英兰：《核心素养引领下的课堂教学革新》，2 页，天津，天津教育出版社，2018。

们能担起重任尤为重要。因此，我们的课程要培养具有坚定、正确价值观和健康身心的学生，为祖国未来发展做好保障。

从指标选择的角度来看，核心素养不仅注重学科基础，更注重个人适应未来社会生活和个人终身发展所必须具备的素质。这里注重培养学生的自主发展能力、团队合作能力和创新实践能力。紧紧贴合核心素养指标，慧心课程不仅注重培养个体在未来的适应能力，还致力于学生德智体美劳的全面发展。因此，学校的三级课程尽量从不同角度满足学生的需求。

慧心课程作为慧心教育重要的组成部分，努力践行"慧心乐行，幸福人生"的慧心教育理念。课程目标的确立紧紧围绕"培养有底蕴、有智慧、有担当的未来幸福公民"这一育人目标。课程体系的构建力求将发展学生核心素养落到实处。

（一）具体化的教学目标指向学生核心素养

紧紧贴合学生的核心素养，各个学科都以学生各年龄段的核心素养的主要内容和形式为基础，以学科内容与特点为参照，依据实际情况，制定表现学科特色、实现学生学段核心素养的具体目标。与此同时，如何培养跨学科素养也应引起学校重视，这些内容应具体体现在教学目标中。

（二）学习内容和方式促进核心素养的培育

经过各学科的学习实践，学生才能形成自己的核心素养，学科教学内容是培养学生核心素养的基础。在学科教学过程中，教学内容是由内容标准决定的。兼顾学科内容的科学性和完整性是传统的课程标准的编写思路，学科思路和逻辑是其主要的呈现方式；基于核心素养的课程体

系则以促进学生该学科核心素养的形成为设计方向，依据学生的年龄特点安排学科知识。同样，为促使学生核心素养的形成，要根据核心素养培养的特点和学科内容提出有针对性的教学建议。

(三)对学业质量的评价保障核心素养的落实

核心素养是一种宏观能力，它代表着学生应当具备的适应未来社会发展和终身学习的主要能力。在完整的教学过程中，质量标准是与学科能力紧密相关的，是学生核心素养在某个学科当中的具体体现。学生核心素养的质量标准制定后可以在教育领域发挥极大的作用。质量标准较学生核心素养来说更加具体、可操作，结合了内容标准后，质量标准还可以用来指导教育评价，可以用来指导教师的教育教学实践。

二、核心素养在慧心课程中的具体落实 >>>>>>>

学生的核心素养是整个学校课程的灵魂，统整学校课程规划和建设的各个要素。基于学生核心素养建构学校的课程体系是学校当前亟须完成的重要任务。为此，学校在学习相关理论的基础上，建构了核心素养在课程中落实的具体路径。

(一)核心素养在学科课程中的落实

核心素养和学科课程有着直接的联系。学科课程是落实学科核心素养的手段。学校采用两种方式进行落实。第一种是在每门学科课程中落实多个核心素养的培养目标，在各门课程的教学中均体现国家规定的核心素养，即人文底蕴、科学精神、学会学习、健康生活、责任担当、实践创新。第二种是在一门学科课程中有侧重地对部分核心素养做出独特培养，将学生核心素养的具体指标直接分解到不同学科之中，通过不同的课程共同培养学生的核心素养。某一项核心素养，通过不同领域/科目来促进与培养，如"责任担当"可通过语文、劳动、德育课程来贯串统整。同一领域/科目的学习，可以促进不同核心素养的培养。例如，科学创新领域的学习，应该有助于"思维发展与问题解决""规划执行与创新应变""信息科技与媒体素养"养成。但是，一个领域/科目，未必要呼应所有的核心素养。

总之，将核心素养落实到学科课程之中，并不是针对核心素养重构全新的课程，而是要明确核心素养和学科课程之间的关系。

(二)核心素养在综合实践活动课程中的具体落实

学校基于核心素养发展的实际需求，将综合实践活动课程的开发与学校的办学理念和特色统一，加强与学科教学的融合，在课程目标的制定方面关注学生发展需求，凸显学生核心素养发展的连续性和阶段性特征。学校进行跨学科的课程整合，以大专题的形式将内容进行连接，从而拓展综合实践活动课程的广度与深度。

在目标的设定上以核心素养发展为主线，纵向贯通、横向整合，关注进阶性与层次性。例如，问题解决维度目标的确定，从问题来源与主题生成、解决的过程与方法、研究结果的呈现，体现不同学段问题解决能力的递进式发展。

在实施的过程中，学校会根据研究的专题，积极为学生创造条件，拓展综合实践活动的空间和场所，给予学生广阔的探究环境，保证探究过程的连续性和长期性。同时，积极整合校内外的资源，构建有利于学生探究的环境，给学生开放的空间，增强体验感，促进协同发展的过程，将个体与社会属性进行统一，最终培育学生的核心素养。

慧心课程——指向学生核心素养的校本创意与深度实施

(三)核心素养在德育课程中的落实

立德树人，德育为先。在新课程背景下，在德育工作中培养学生的核心素养无疑是十分重要的。在核心素养中，文化基础的两个核心是人文底蕴和科学精神。基础课程是人文底蕴培养的途径。基础课程是学习的主体内容，学好基础课程有利于人文底蕴的培养。因此，我们的德育工作不得随意占用基础课程时间。此外，我们教育学生崇尚科学，提高科学学习的兴趣。

由于核心素养中德育内涵丰富，涉及范围广，要想将其彻底落实，我们必须将其植入学科课程标准中去，使教师在教学中能够"看得见、摸得着"，有明确的依据和可操作标准。因此，我们根据核心素养，依据国家基础教育课程标准，根据学科特点，提出实现本学科、本学段核心素养的德育目标。而且，课程内容的选择注重导向性和针对性，选择那些能够明确体现核心素养德育价值的教学内容，让课程与目标对接，以此保证核心素养在中小学德育中的落实。

学校研制体现核心素养的教师培训手册，对不同年级、不同学科的授课教师进行教学结构、能力结构的培训，引导一线教学。教师是学校教育教学的具体实施者，在学生核心素养的落实过程中扮演转化者的重要角色。因此，学校要全面落实核心素养培养目标，必须从教师对核心素养的认识和理解抓起。我们注重加强教师关于核心素养的培训，使他们从认识层面到思想层面发生根本性的转变，明了核心素养时代的到来，明确学校教育从"以知识为中心"的学科教学向"以核心素养为核心的学科育人"方向的转变，改变"学科本位"和"知识本位"现状，把"育人"作为学科教育的首要目标。提高教师理论素养，指导教师转变教育观念，并在教学实践中引领学生落实关于核心素养的德育内容，为从根本上落实核心素养的德育目标打好基础。

　　每个学生都是独立存在的个体，都是独一无二的。每个人对事情都会有不同的判断，因此，要尊重每个人的观点，尊重不一致的意见。我们的德育工作充分尊重学生的自主发展，努力培养独立又完善的人，尽最大努力去满足他们的发展需求。每个学生的学习方式不一样，有可能这个人的学习方式不适合另一个人，但如果换一种方式另一个人的学习就能收到很好的效果。客观地对待学生在某一阶段某一时期的发展变化，不急于调整方案，做好适应性的训练准备，当学生确实难以适应时再做出适当的调整。丰富多彩的生活、健康的生活，才是学生应该有的生活。

　　社会参与是开展德育工作的方式之一。学生不是只有一种角色，而是有各种各样的社会角色。我们培育人，既要培育身心健康的人，也要培育可以适应社会发展的人。德育工作的开展，离不开社会参与，离不开社会教导。每个人从一出生开始就该有自己的责任，责任感随着年龄的增长越来越强。知道自己肩负的责任，勇于担当责任是人最基本的义务。权利和义务是相统一的。

　　总之，我们的德育工作始终以学生为中心，符合学生核心素养的发展要求，围绕学生心理年龄的特点和身体发展的需要去培养。面对每个生命个体，我们要保持淡定，付出真爱，守望幸福，创造幸福。

教育家苏霍姆林斯基说，在教学大纲和教科书中，规定了给予学生各种知识，却没有给予学生最重要的东西，这就是幸福。理想的教育是培养真正的人，让每一个从自己手里培养出来的人都能幸福地度过一生。这就是教育应该追求的恒久性、终极性价值。的确，"让每一个人都幸福"的教育观，对于学校来说，含义深远。

定慧里小学把幸福教育观作为推进学校多样化、特色化发展的根本遵循，明确了以学生多样化、个性化发展为核心的教育价值追求，形塑了修身文化、成才文化、健康文化、尚美文化、实践文化。同时，为提高学校教育质量，促进学生全面发展，学校在"慧心乐行，幸福人生"办学理念的引领下，围绕学生的发展需求，构建了慧心课程体系。

一、慧心课程的目标与原则 >>>>>>>

慧心课程是"慧"及学生心灵的课程。慧心课程是根据学校文化的特点，结合每一位教师的专业特点和学生的发展需要，依据国家课程和地方课程创生出来的，其价值在于实现并捍卫人的自由和尊严，不断发展人的创造能力。慧心课程的创生所秉持的是智慧方法论，而非程序主义方法论。

（一）慧心课程目标

一是为育人服务，整合优化三级课程，完善学校课程建设与管理制度，突出课程的实践性和整体育人功能，整合现有课程，拓宽课程平台，体现以人为本、多元文化与自主选择。

二是为学生终身学习与发展奠定基础，助力学生健康成长、多元发展，培养学生兴趣特长，拓展学生知识领域，培养科学探究精神、创新意识和实践能力。

三是提高学生思想品德修养和审美能力，让他们掌握科学的学习方法，培养团结协作和社会生活能力，从而实现五育融合、全面育人。

(二)慧心课程的原则

一是基础性原则。落实基本知识、基本技能，立足学生的核心素养和关键能力，与学生的身心发展规律相适应，为学生的未来学习打下全面发展的基础。

二是丰富性原则。丰富性体现在拓展课程的设置上，为学生提供丰富的可选择的拓展课程，让每个学生在课程体验中产生对某一学科或领域的兴趣，并保持好奇心。

三是综合性原则。根据育人目标和学生发展的需求，打破学科界限，通过一定的主题整合学科领域及相关的社会资源，让学生在实践中有所成长。

四是五育并举原则。充分把握五育之于人的全面发展的内在功能，既承认德智体美劳五育具有各自的特点和规律，又明确五育存在彼此独立、互相渗透的依存关系；既强调德智体的突出地位，也突出美劳的重点要求。在优化五育整体结构的基础上，把人的全面发展理念落实到慧心课程中来。

二、慧心课程体系框架 >>>>>>>

学校在原有的"五维三层一中心"的基础上进行了慧心课程体系与五

育并举融合的再构建。按照基础课程全面融合、全员参与，拓展课程自主选择、主题延伸，实践课程跨越边界、综合实践的思路，围绕学生的发展需求，构建了三个层次的课程体系：满足国家基础教育共同培养需求的基础性课程，培养学生具有慧小特质的拓展性课程，关注学生综合能力提升的综合性研究类课程。

慧心课程将《中国学生发展核心素养》作为课程开设的依据，致力于探索"必修课程一体化，选修课程个性化"的课程发展模式，推动五育之间交融共促，充分挖掘及整合课程资源，积极开发以健康身心养育、基本素养提升、个性特长培养、综合素质增进为重心的必修课程和选修课程，从而构建起以"慧德、慧智、慧体、慧美、慧劳"五大课程群为主干的五育并举慧心特色课程体系。五大课程群共同为实现课程的目标服务。课程的评价围绕落实二者的关键目标，通过准确定位与实施，使课程的框架科学合理(如图 2-2 所示)。

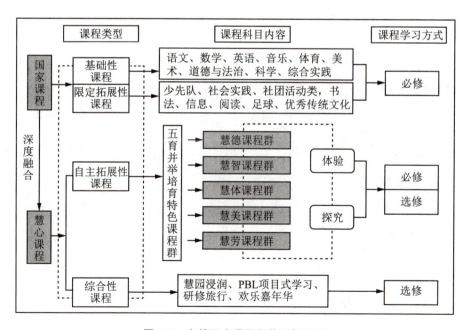

图 2-2　定慧里小学课程体系框架图

(一)基础性课程层面

以国家课程为主,分为道德与修养、语言与人文、科学与技术、体育与健康、艺术与审美五个领域。满足所有学生的根本需求和根本发展,帮助学生培养可持续发展所需的必备品格和关键能力,为后续的拓展课程、特色课程服务,旨在激励、引导学生夯实基础,养成良好的习惯,形成正确的世界观、人生观和价值观。

(二)拓展性课程层面

拓展性课程是经统筹、整合、拓展和创新构建的具有慧小特色的五大课程群。它重在通过课程建设与实施来培养每一位学生的慧小特色,即所谓的慧小烙印,同时让学生在未来发展的过程中能够呈现某一方面的独特优势。课程实施充分尊重学生自主选择的权利,以学科拓展、特长培养为主,强调兴趣的多元发展、个人特长与潜质的深度激发、学生素质的全面发展。

在拓展性课程实施中,学校采用必修加选修相结合的方式进行。必修课程作为全体学生综合素养提升的普遍性课程,凸显学校文化与地方特色。该类课程既有年级内共同参与的课程,又有根据学生年龄特点开设的不同类型的学科拓展性课程,致力于学生综合素养的提升。选修课程依据学生个性发展需求,多以社团活动的形式呈现,以发展学生特长、培养学习兴趣和爱好为主,促进学生的多元发展。学校的基础课程无论是纵向还是横向均得到了很好的延伸与拓展,真正注重学生综合素质的全方位提高。

(三)综合性课程层面

综合性课程以跨学科课程为主,注重学生实践能力的培养,着力提

升综合素质三类课程纵向的培养梯度，在学生基础知识、基本能力培养的基础上，充分鼓励学生个性化发展。综合性课程打破年级和学科界限统筹安排，更具综合性和实践性，关注学生在实践体验中的感悟与收获，体现知行合一的教育思想。综合性课程有助于形成全员、全程、全学科育人的大课程理念。

学校根据办学实际及育人目标，结合核心素养的发展要求，抽离出定慧里小学学生发展十项关键能力，重视学生发现和解决问题、体验和感受生活，不断发展其实践能力和创新精神。这十项关键能力直指核心素养的发展，细化为"细致观察、擅于提问、调查求证、动手实验、信息提取、资料筛选、倾听表达、团队合作、乐于分享、评价反思"。

根据定慧里小学学生发展十项关键能力，学校开发了大量以"活动链"为主要实施形式的跨学科主题课程。该类课程以人为本，重视学生体验，用大量的实践代替传统的模式化的课堂，重视连接学习与现实生活，重视学生基本品格与关键能力的培养。整个过程要求学生积极参与各项实践活动，从关键能力点出发去考查学生的学习效果。

下面以中国传统节日课程为例进行介绍。

中国传统节日课程采用项目式学习方法进行，以传统节日中的文化元素为依托，与二十四节气、剪纸、美术、种植等内容相结合，形成低、中、高三个阶段不同的任务内容。课程在节日前后开展，一般持续两周时间。学生根据项目式学习任务，确定活动专题，自主设计活动方案，自主规划活动过程，自主进行过程评价，自主拓展延伸，进行小组合作探究，从而完成综合实践能力的自我建构。探究分为两部分进行：在校园中的知识与技能探究活动，在家长带领下的体验与实践活动。

例如，元宵节课程活动，项目式学习分为四个步骤，分别为寻元宵、知元宵、闹元宵和研元宵。各学段学生根据年龄特点和知识水平，完成各学段任务(见表 2-1 和表 2-2)。

表 2-1　项目式学习任务表

步骤	一、二年级	三、四年级	五、六年级
寻元宵	用自己喜欢的方式记录下自己知道的元宵节习俗	采访他人，了解身边人是如何过元宵节的	查找资料，详细了解这个节日的由来、发展过程、风俗习惯、经典故事等
知元宵	知道元宵节的由来、故事和风俗习惯	能够向他人讲述元宵节的由来、故事和风俗习惯	自己确定一个主题，展开对元宵节有关文化的整理，记录下自己的发现。例如，诗词中的元宵节，不同朝代庆祝元宵节的方式……
闹元宵	学习花灯的制作方法，和家人一起做一个花灯，猜灯谜	查元宵的制作方法，准备制作元宵的材料，和家人一起摇元宵	设计一份闹元宵活动方案，并和家人一起实践，记录下过程和感受
研元宵	不做要求	元宵好吃但难消化，不同的人吃多少元宵合适呢？请查阅资料，设计一份元宵食用建议	思考并尝试解决：如何把元宵节的传统性与现代生活相结合？怎样让人们过一个既有传统味道又充满现代气息的节日？也可以尝试用英语介绍、推广元宵节，或自己提出其他问题并尝试解决

表 2-2　课程指向的核心素养与关键能力

课程设计			核心素养						关键能力									
一级主题	二级主题	学习项目	人文底蕴	科学精神	学会学习	健康生活	责任担当	实践创新	细致观察	擅于提问	调查求证	动手实验	信息提取	资料筛选	倾听表达	团队合作	乐于分享	评价反思
项目式学习	中国传统节日	寻元宵	●							▲	▲		▲	▲				
		知元宵			●										▲		▲	
		闹元宵						●				▲				▲		▲
		研元宵				●					▲			▲			▲	

注：●代表学习项目要落实的核心素养。

　　▲代表学习项目所培养的关键能力。

三、慧心课程中的国家课程开发 >>>>>>>

（一）厘清课程改革内涵

国家课程在教育中的重要性是不言而喻的，通过国家课程校本化实施的途径，搭建学校课程教学体系是十分必要的；学生群体多样化与统一的课程标准的差异，表明了实施国家课程校本化的重要性；最新一轮课程改革颁布的课程标准本身是刚性与弹性的结合，给实现国家课程校本化留下了可能性。必要性、重要性和可能性的统一，使得国家课程校本化实施不仅必要，而且可行。

（二）关注学生的需求

课程是帮助学生实现发展的载体，学校课程变革的首要考虑因素应为学生的兴趣和需求。学校从"喜欢学什么"和"希望学什么"两方面对学生的兴趣与发展需求展开了调查。在开足国家课程的基础上，学校发现学生对综合课程和实践课程有极大的兴趣和需求，尤其集中在体育与艺术方面，此外，烹饪、茶艺等生活技能备受学生喜爱。目前，学校开设的校本课程已不能很好地满足学生日益增长的对多元课程的需求，在现有课程的基础上，研发和开设更加丰富多元的课程已成为促进学校发展和学生核心素养提升的必需。

（三）做好国家课程校本化实施的顶层设计

每所学校的育人方式都有其鲜明的特点，并与学校的实际情况密切相关。国家课程的校本化实施，其根本目的是培育学生的核心素养。慧心课程校本化实施的具体目标与定慧里小学的育人目标和办学理念高度统一，是基于学校的发展历史、具有的优势、面临的挑战和可能的机遇而提出的。学校充分考虑了学生对课程的需求以及教师专业水平，从而确定课程校本化实施的具体目标，形成国家课程校本化实施的推进方案。具体到目标要求、任务内容、实施步骤和组织管理，学校在推进国家课程校本化实施的过程中关注各个环节，对实施阶段、时间期限、负责人、监督机制都有具体的说明。有序的顶层设计是国家课程校本化实施推进的基础和关键，保证了方案的可操作性，并促进其为全校师生所接受。

（四）课程目标的具体细化和延伸

学校充分发挥教研组的作用。每学期的备课，学校都会要求全员全程参与，共同商讨、明确学科整体及各个单元的分级教学目标，制定相应的教学活动方案、教学策略等。与此同时，教研组根据学生实际需求对目标进行合理延伸。例如，《父爱之舟》一课的教学，不仅要学生体会文中作者与父亲之间的父子亲情，而且通过校本化实施的目标延伸，还要让学生感知和发现自己与父母之间的浓浓深情，并且学会表达和感恩。

（五）打破学科界限，做好课程的整合

学校突破原有课程学科间的壁垒，尽量站在学生的角度思考问题，通过国家课程的破与立、地方课程的增与减、校本课程的融与放，以国家课程为基础，丰富国家课程，形成科学的课程体系，既突出学校特色，又符合学生发展规律。其中包括学科内、学科间、课内外、校内外、教学形式以及育人模式的整合，将学生的生活融入课程，将各学科的相关素材融入课程。学校将多学科融入五大课程群中，真正实现国家课程校本化和三级课程一体化的建设。

(六)重视体验与实践

学校开发了大量以活动链为主要实施形式的跨学科主题课程,以人为本,重视学生体验,用大量的实践代替传统的模式化的课堂,重视连接学习与现实生活,重视学生基本品格与关键能力的培养。整个过程要求学生积极参与,从关键能力点出发去考查学生的学习效果。

(七)发掘身边课程资源

定慧里小学是所花园式学校,美丽的校园环境令人向往。环境育人是学校追求的目标之一。学校在学生入学之初即进行爱校教育,对新入学的学生进行爱校教育是每年的重要工作,以此来增强学生的集体荣誉感和主人翁意识,激发学生爱校的情感。学校结合校史、校情、学校文化开发了具有定慧里小学特色的校本课程"快乐启航",丰富了学生个性化学习的内容。课程对"校园美景""可敬的教师""可爱的同学""学校的荣誉""学校的昨天、今天和明天"等主题进行了研发,以活动链的形式,将课堂和实践活动相结合,潜移默化地对学生进行爱校教育。

(八)转变教与学的方式,打造慧问学堂

课堂是教学的主阵地,教与学的方式影响课堂的学习效果。为了打破传统教学中以教师为中心的思维定式,变革以知识灌输为手段的教学模式,学校商讨出一套衡量一节好课的标准:自信站起来,大声说出来,质疑辩起来,掌声响起来。热热闹闹并不是学校评价课堂效果的准则,要观察学生提出的问题是否具有创造性,学生是否有追求未知的精神。慧问学堂致力于用问题引发学生乐于问,用策略引导学生学会问,让问题引导学生学会思考,让解决问题带动学生去发现和探索,在不断探索

的过程中动手实践、观察感悟、解决问题、得出结论，让学生学会如何学习，如何解决问题，如何沟通，如何合作，如何在学习中快乐、主动，真正成为课堂的主人。

学校将传统的知识传授转变为能力的培养，从教师的教转变为以学生的问与学为主的探究，将知与行进行统一，真正将学生发展落到实处。

(九)加强多元化的课程评价

科学有效的评价体系是实施有效课程教学的重要途径，它可以进一步提升学校的课程质量。学校依托课程目标和内容，不断改进评价方法，以促进学生终身发展、充分尊重每个学生的个体发展为目的，开展综合评价和多元评价，建立学生、家长、社会、学校、教师评价机制。打破以分数定结果的评价模式，实行学生成绩与综合素质发展相结合的评价方式。重视过程性评价，将学校学生十项关键能力发展作为持续性评价的依据，突出评价的发展性功能和激励性功能，加强对学生探究能力、合作交流能力、自主学习能力等的培养，以评价促进教师教学方式的变革，以评价促进学生潜能的发掘。

语文学科把对阅读、表达、古诗积累、书写的考核落实到平时的学习活动中，以读书小报、读书交流会、学生讲堂、古诗考级、校级书法比赛等学生感兴趣的形式，以多样的评价形式对学生进行动态考核，以开放的视角全方位评价学生的语文学习情况。

数学学科以开放性的项目活动和比赛的方式展示学生数学综合能力，如数学游戏、思维导图、计算达人赛、解决问题小能手、数学家故事和趣题演讲、绘本创作、实践活动报告、数学日记等。把单元考查与项目活动相结合，分为必选项目和自选项目两个大类。既有校级统一内容，又有年级自选内容，适合学生特点，以开放的形式和视角对学生进行评

慧心课程——指向学生核心素养的校本创意与深度实施

48

价，期待给予学生更加全面客观的评价。

英语学科将对口语表达、阅读积累、书写等方面的评价纳入日常学习与考核中。根据年级特点，以儿歌展示、课前演讲、《典范英语》讲故事、阅读"马拉松"、单元主题小报等不同形式调动学生积极性，通过常规教学、比赛展示等活动对学生进行形成性评价。每个学期的期末考试成绩占学期总成绩的 60%，过程性学习成绩占 40%，由此将形成性评价与终结性评价相结合。

综合性课程重实践，长才干，促创新。此类课程的评价注重学生的自身感受和收获，通过设计一系列展示活动为学生提供展示自己学习成果的平台，学生以表演、作品呈现等成果展示的方式接受终结性评价。

（十）建立管理机构，健全相应的管理制度

自实施课程建设以来，为了更好地落实慧心课程体系的建设理念，保障课程体系的有序推进，学校加强了过程管理，形成一个中心（课程开发研究中心），两个方案（课程研发方案、课程实施方案），三个保障（专家引领、组长负责、团队攻关）。

在课程管理上，学校关注课程整体设计与建设，努力增强课程的选择性、自主性，在原有基础上探索具有特色的国家课程、校本课程实施策略。

为了保证课程内容研发的科学性，学校成立了课程研发小组，主要负责课程的具体研发和实施、课程纲要的撰写等工作。课程研发小组由校长任组长，德育副校长任副组长，教学主任、各学科主任、科研主任为成员。课程研发小组以课程研发为核心工作，形成由各学科教学主任负责、骨干教师引领、全体教师参与的课程研发与实践合作机制。课程研发小组在宏观上，主要负责学校课程的开发与建设，充分挖掘学校自

身优势，开发有利于学生多元发展的课程资源，构建并逐步完善学校课程体系。

　　为了提高课程实施效果，学校成立了课程评估委员会。委员会由校长、专家、教师代表(骨干教师和普通教师)、学生代表和家长代表组成，主要职责是审查课程计划和文本，讨论和确定课程的可行性和有效性，并评估课程的实施情况。

定慧里小学是一所中等以上规模的小学，2020 年有教学班 32 个，学生 1300 人。让每一个学生全面而有个性地发展，在小学六年的学习生活中获得成就感、幸福感，成为"有底蕴、有智慧、有担当的未来幸福公民"，一直是学校教育追求的目标。基于这一价值追求，学校形成了"慧心乐行，幸福人生"的办学理念。慧心教育追求的不是每个学生都能创造轰轰烈烈的伟业，它追求的是助推每个学生在原有基础上有新的突破和飞跃，正所谓"苟日新，日日新，又日新"。每一个进入慧小的学生都能树立"超越自己，成就自己"的信念，进而实现幸福人生。

课程是学校教育的主要载体。为了将慧心教育理念落实到教育教学过程中，学校在实施国家课程、地方课程的基础上进行了校本课程的规划和构建，形成了慧心课程架构。

慧心课程作为慧心教育的重要组成部分，努力践行学校"慧心乐行，幸福人生"的办学理念。"天地有大美而不言，四时有明法而不议，万物有成理而不说"，明朝高濂曾有"开其窍，慧其心"之说。由此可以看出，当人们接受教育时，不仅要锻炼自己的身体，还要陶冶自己的心灵，通过各种感官的协调发展，促进对世界的直接体验，进而培养心、情、意整体发展。

为了学生全面而有个性的发展，慧心课程在开设义务教育国家课程的同时，增加特色拓展性课程与个体自主需求课程，搭建起成就每一个学生幸福人生的课程立交桥。这样的课程设置立足于每个学生的发展需要，关注每个学生的个性特征，助力每个学生的成长体验，让每个学生在不断超越自我的过程中创造属于自己的幸福人生。

立德树人是我国教育的根本任务。学校作为教育的直接发生地，其教师责无旁贷地成为这一任务落实的直接责任者。那么，如何立德，立什么德，怎样树人，树怎样的人，就成为教育者在实践中落实立德树人这一根本任务所面临的问题。就这些问题，很多学者展开了相关的研究并形成了不同的认识。对于基础教育阶段的学校来说，立德树人就是要培养具有社会主义核心价值观，具有社会责任感、创新精神、实践能力和道德素养的公民。立德树人应该坚持德育为先，育人为本。

当前，学校立德树人的实践途径大致有两种，一是通过学科渗透德育，二是开展各类德育活动。不可否认，这两种途径都非常必要且不可相互替代。但同时不难发现，这两种途径都具有一定的局限性：在学科教学中立德树人，这对教师的德育意识和学科教学的内容具有较强的依赖性，学科德育很难体系化；德育活动虽然可以在活动设计时实现体系化，但其活动的性质不能避免实施与推进的随意性。

鉴于以上认识，定慧里小学通过相关德育课程的设计与开发，既将立德树人的目标直接落实，也避免了相关教育的不规范性和随意性。

一、慧德课程的体系构建 >>>>>>>

(一)慧德课程的建设依据

1. 政策要求

《国家中长期教育改革和发展规划纲要(2010—2020 年)》指出，要"构建大中小学有效衔接的德育体系"，强调把德育落实到教育教学的各个环节，贯穿于学校教育、家庭教育和社会教育的各个方面。2014 年，《教育部关于全面深化课程改革 落实立德树人根本任务的意见》指出，坚持系统设计，整体规划育人各个环节的改革，整合利用各种资源，统筹协调各方力量，实现全科育人、全程育人、全员育人。2017 年，《中小学德育工作指南》提出了"课程育人""文化育人""活动育人""实践育人""管理育人""协同育人"的实施路径和要求。此外，国家的多个政策文件对学校德育工作的内容提出了具体要求。

2. 标准要求

道德与法治课程坚持用生活德育理论指导，用生活逻辑设计，坚守生活德育的理念，在德育课程建设史上具有划时代的意义。

陶行知先生曾说，生活教育是给生活以教育，用生活来教育，为生活向前向上的需要而教育。这一段话点明了生活德育理念的关键。它分析了生命与道德的内在联系——"德育跟孩子的生活是分不开的"，引导学生过上有价值的生活是德育课程的根本任务。

3. 学生的发展需求

随着新时代经济高速发展，社会发生了复杂而深刻的变化，一些不良的思想给学生带来了不良影响。同时，随着新时代高科技的出现，学生获得信息的渠道更加多元，其思想也更加独立和开放，道德判断的发展也在经历考验。这些都是新时期学校德育所面临的现实问题。

(二)慧德课程的规划

1. 慧德课程设置的原则

遵循国家德育课程标准与学校德育实际相结合的原则；遵循传统思想教育与社会发展热点问题相结合的原则；遵循贴近学生生活实际与思

想基础的原则。

2. 构建慧德课程的目标

学校坚持"慧心乐行，幸福人生"的办学理念，把"培养有底蕴、有智慧、有担当的未来幸福公民"作为学校的育人目标，始终将德育作为学校工作的灵魂和基石。正如有学者所言，"智育没有德育做基础，智育就是犯罪的帮凶；体育没有德育做基础，体育就是暴力的前卫；群育没有德育做基础，群育就是社会动乱的根源；美育没有德育做基础，美育就是腐败的催化剂"[①]。德育的显性特质在于它的实践性，它不但要授之以知，晓之以理，而且要动之以情，导之以行，要紧抓知、情、意、行四个环节。[②]

3. 慧德课程的设置体系

基于学校的办学理念、育人目标以及对德育的深刻认识，结合学生核心素养，学校进行了"一中心、四方面、八板块"的 148 慧德课程体系构建。"一中心"指的是以"立德树人，奠基幸福"为中心。"四方面"指的是未来公民需要具备的良好品行、珍爱生命、家国情怀和国际视野。"八板块"即组成慧德课程的八大主题课程：一是在梳理学校已有的德育活动的基础上形成的居德养正德育课程，这类课程重在学生的习惯、基本道德素质、公民意识的养成，在此基础上，跟全球经济一体化、信息化发展的大环境紧密联系——结合学生能够广泛接触互联网、去国内外旅游的经历，与道德与法治相融合，通过"瞭望窗""脚丫走世界"等途径丰富学生学习的资料，调动学生学习的积极性和主动性，从小培养他们的国际视野；二是结合学校各种仪式和传统节日开发的典礼仪式课程和节日文化课程，这类课程旨在培养学生的家国情怀和社会责任；三是基于学生的心理素质不强、国防教

---

① 崔桂婕：《德育，要从幼儿抓起》，载《现代教育科学（小学教师）》，2013(4)。
② 张美华、徐春河、蒿平兰：《浅析小学德育课程的构建与实施》，载《中国校外教育》，2010(5)。

育缺失和社会实践不足等现状开发的心理健康教育课程、国防教育课程和社会实践课程；四是针对学生对生命了解不够、对自我幸福感体验不足等现实引导学生正确认识自己、认真对待生活、让生命充满意义的生命教育课程、成长课堂课程(如图 3-1 和表 3-1 所示)。

图 3-1　慧德课程体系图

表 3-1　慧德课程实施一览表

课程名称	实施方式	主要特征	对应素养
居德养正	通过开发习惯养成、遵守规则、微笑待人等 12 个系列的教育主题研发相关的课程序列	全面贯彻良好习惯和品质在教育过程中的落实	人文素养
典礼仪式	在新生入学、百日庆典、开学典礼、结业典礼、毕业典礼、校长有约等重要场合，进行整体教育	通过庄严肃穆的仪式渲染教育氛围，达到育人效果	家国情怀社会责任
节日文化	以清明、端午、中秋等固定的节日为契机，适时开展认知教育和体验教育	以任务驱动的方式组织体验活动和社会调查，重知识梯度，螺旋式渐进	实践素养
心理健康	一至六年级每学期 3 课时，以班级授课和年级团辅形式呈现	提高学生心理素质，培养积极向上的心理品质和健康心态，促进人格的健全发展	健全人格

课程名称	实施方式	主要特征	对应素养
国防教育	全体学生通过红领巾广播的方式进行学习，五年级第一学期走进军营进行三天的集中学习	学习与实践相结合，一至六年级以学习认识为主，其中五年级以军事训练体验为主	家国情怀 社会责任
社会实践	在春季学期和秋季学期，根据年段特点，开展不同地点、不同形式的社会实践活动。从"浓情北京"系列到古都文化之旅，为学生提供丰富的实践体验	形成一至六年级体系化社会实践主题，横向涉及社会各领域，纵向注重各种认知能力、品德修养的现实运用，将教育成果应用于实践	创新精神 实践素养
生命教育	从"敬畏秩序，遵规守矩""敬畏自然，和谐相处"和"敬畏生命，行有所止"三大板块对一至六年级学生进行系统教育，旨在使学生学会尊重生命、理解生命、学会积极生存、健康生活	三大板块、16课时的系统教育让学生对生命有正确的看待和评价，学会珍惜和敬畏	珍爱生命
成长课堂	以学生讲坛和家长讲堂为主要途径，用学生的能量影响学生，用家长的资源和优势为学校教育注入活力，让所有学生受益于学生、教师和家长的力量	一至六年级每月至少开展两次成长课堂教育活动，内容结合家长和学生特长，包括天文、地理、交通安全、理财知识……每个年级、每个学年16课时	自我管理 健全人格

(三)慧德课程的开发

1. 居德养正课程

根据学生小学阶段12个学期的认知特点，充分考虑学生的成长需求，学校围绕12个教育主题研发了相关的课程序列。选择了适切的内容，并以不同的方式开展教学。学生在每个学期都会进行一个教育主题的内容学习和实践。每学期初，学校会安排主题活动开启课，在开启课上学生会充分了解主题活动的内容、学习任务、学习结果的呈现方式以及评价方式。学生的主题学习和实践活动会历时一个学期，并与班会、少先队活动相融合(见表 3-2)。

表 3-2　居德养正课程开发

课程目标	年级	教育主题	课程内容及实施方式
12 个学期。每个学期一个教育主题，在小学六年中进行 12 个主题的德育课程教学并开展相应的活动，在潜移默化中培养学生的 12 种优秀道德品质	一年级	习惯养成	制定了校训，编制了《常规养成教育手册》，设置了新星班集体和明星班集体奖励机制。开展了学科习惯养成、走进校园、文明课间游戏活动、红领巾广播、展板宣传解读、微班会、晨诵暮省等系列活动
		遵守规则	制定了慧小一日常规，编写了"外出实践活动文明出游加分评价表"。通过规则教育宣传、班会讨论、红领巾岗常规值周检查等方式，形成规则意识，维护校园文明秩序
	二年级	微笑待人	开展"微笑待人我践行"微笑日、微笑周、微笑月活动
		自理自立	确定"自主自理，做生活的小主人"教育主题。开展个人事务自主自理比赛活动，以免检荣誉班做评价，培养学生自理自立的好习惯
	三年级	心怀感恩	开展"我有一颗感恩的心"系列活动，通过感恩剧、班队会、每天一件家务事等班级活动，培养学生对祖国、社会、父母、老师、同学的感恩之情
		节俭有我	确定"俭以养德，做节俭少年"的教育主题，通过编写节约粮食、水、电、纸、钱的活动口号，使学生形成节俭的意识，辅以"光盘行动""节约用纸""节水节电""小鬼当家"活动，帮助学生建立节俭的习惯
	四年级	诚信是金	确定"诚信在心，伴我成长"的教育主题，开展"讲诚信故事""践诚信之行""做诚信之诺"三个板块的系列活动
		关爱友善	确定"心有关爱，友善待人"的教育主题，开展"友善大家谈"、友善展板观摩、红领巾广播系列活动

课程目标	年级	教育主题	课程内容及实施方式
	五年级	宽容仁厚	确定"学会宽容，快乐生活"的教育主题，开展"我身边的宽容"故事会、"宽容是金"班会评比等活动
		责任担当	确定"心中有责任，脚下有行动"的教育主题，各班级实行"人人有担当"岗位认领制，开展"岗位小能手"相关活动。学校开设"小肩膀大担当"培训课程，并在期末评选"担当之星"
	六年级	笑对挫折	开展以"热爱生活，积极面对挫折"为主题的道德学堂系列讲座
		儒雅人生	以"公共空间，请小声交谈"为启动仪式，通过学校宣传，制定"文明交谈我有五级音量表"。同时班级开展相关班会活动，举办"静"文化绘画展

2. 典礼仪式课程

典礼总是给人带来一种仪式感，而仪式代表文化和传统。在教育过程中，仪式不可避免。学校的教育仪式具有两种基本功能：一是可以提升精神境界，营造特殊的教育氛围，激发学生积极向上的精神状态；二是表达隐含的教育内容和理念。在美的教育形式的帮助下，隐性的教育要求变得显而易见，并产生持久的影响。从教育效果来看，教育形式多种多样，仪式教育赋予一定的教育活动以特定的规范。举行庄严的仪式，可以增强教育活动的效果，加深教育的印象。仪式能够承载教育的意义和教育者的道德期望，从而激发敬畏、责任、忠诚、友善、团队、感恩等情绪情感(见表 3-3)。

表 3-3　典礼仪式课程开发

课程目标	课程名称	课程内容及实施方式
把每个典礼仪式都作为教育学生的重要途径，让学生在典礼中有不同的感受，接受不同的教育，使典礼仪式成为学校德育课程实施的途径	走过渡英桥	此课程专门为一年级新生入学而设置，结合学校特色建筑"渡英桥"，借助桥的"连接、跨越"功能，进行拓展教育：每日走过"渡英桥"，都要有成长、有收获，激励学生以英才自励，积极上进，日后真正成为英才
	百日庆典	此课程专门为一年级新生设置，经过 3 个多月的培养，"小豆包们"的行为习惯、日常礼仪都有了非常明显的进步，通过年级活动"百日庆典"邀请家长进校共同观摩，感受"成长"的意义，表达对教师的感谢之情
	开学典礼	每学期开学之际，遵循学生心理特点和成长规律，结合时事热点，让学生在春季和秋季学期开学典礼中感受浓浓的德育氛围
	结业典礼	每学期末，学校都会结合学期初的德育目标进行系统回顾和梳理，进行总结和表彰
	升旗仪式	每个班级结合学校德育主题，进行班集体风采展示。朗诵、歌舞、快板等形式多样的活动，激发学生的爱国情怀
	毕业典礼	在六年级学生毕业之际，学校为六年级全体师生举行隆重而有意义的毕业典礼。此典礼旨在祝贺学生圆满完成小学阶段教育，展示学校六年的教育成果以及毕业生对母校、老师、父母的感恩之情，意在给学生留下美好回忆的同时，引领学生在新的起点上扬帆起航，展望更美好的未来

3. 节日文化课程

　　我国有悠久的节日文化传统。习近平总书记对中华传统节日和优秀传统文化十分重视，曾在不同场合指出中华优秀传统文化的宝贵价值和独特作用。作为教育工作者，我们要以传统节日为教育契机，通过德育活动课程增强学生对中国传统节日文化的理解和热爱，增强学生之间的凝聚力和对中华民族的认同感，弘扬我国优秀文化传统(见表 3-4)。

表 3-4　节日文化课程开发

课程目标	课程名称	课程内容及实施方式
根据学科特点，紧紧贴合小学生身心发展规律，充分开展适宜的节庆活动，积极开发节日文化课程，使学生在节日活动的熏陶下读书明理，提高素质，了解中国的灿烂文化，形成强烈的民族自豪感，为做人做事做学问打下良好基础	你在我眼中最美 ——妇女节	以国际妇女节为契机，每年组织学生为母亲、教师、奶奶、外婆献上祝福并身体力行做力所能及的事，引导学生学会感谢和回馈
	缅怀先烈 致敬英雄 ——清明节	开展"文明祭扫，缅怀先辈""清明诗歌会"等活动，对学生进行革命传统教育、爱国主义教育，进一步弘扬民族优秀文化传统
	劳动最光荣 ——劳动节	以五一国际劳动节为契机，开展以"我劳动，我光荣"为主线的系列教育活动，让学生通过学习去实际操作，体验劳动带来的快乐，知道热爱劳动是中华民族的传统美德，养成劳动的习惯，学会珍惜别人的劳动成果
	缅故人 扬传统 ——端午节	围绕主题"我们的节日——端午"开展特色文化活动，普及端午节的知识，弘扬中华民族的优秀文化传统，传达端午节所蕴含的道德内核，增进全体师生对中华文化的认同感和自豪感
	特别的爱给特别的你 ——儿童节	围绕"童真宝贝，健康成长"主题，开展庆六一活动，通过"文艺汇演展风采""趣味游戏来过节"等活动给学生送上一份特殊的节日礼物
	谢谢您，老师 ——教师节	通过诗朗诵、歌伴舞等形式使学生了解我国悠久的尊师重道的传统，以生动的活动为载体，引导学生爱师、敬师，进而用行动尊敬老师
	浓情中秋 悠悠情思 ——中秋节	以中秋节为契机，深度挖掘蕴含在中秋节中的教育资源，使学生了解中秋节日风俗，传承民族文化，弘扬民族精神。在此基础上，引导学生进一步了解传统节日，让学生真正喜欢并认真对待传统节日
	我爱你，中国 ——国庆节	抓住国庆节这一时机，开展丰富多彩的迎国庆系列活动。在唱歌比赛、国旗下讲话、手抄报、原创诗作等活动中充分展示学生的才华，增强集体的凝聚力，丰富学生的课余文化生活，陶冶爱国主义情操

课程目标	课程名称	课程内容及实施方式
	孝老爱亲 从我做起 ——重阳节	开展以"孝老爱亲话重阳"为主题的系列感恩活动，引导学生学会感恩，树立良好的家庭美德观念，增强社会责任感
	春暖今夕 趣闹元宵 ——元宵节	以元宵节为契机，开展制作花灯、趣猜灯谜等活动，让学生在实践、感受、体验中了解元宵节，继承和发扬中华民族的优秀传统文化，感受民俗、承袭传统

4. 心理健康课程

良好的心理素质是人心理健康的直接体现，也是学生综合素质的一部分。它不仅可以帮助学生从容地应对挑战和挫折，而且能使人更好地发挥自身潜能。基于此，学校通过班会课和校外机构的年级心理团辅课，提升学生的心理素质。学校心理健康课程从认识自我、学会学习、人际交往、集体和我、情绪调适、时间管理、分析解决问题等方面对学生进行引导和干预。

5. 国防教育课程

"国无防不立，民无兵不安"，孩童时期是人生的重要阶段，国防教育必须从娃娃抓起。在物质高度发达的今天，部分学生存在利己主义和享乐主义思想倾向，缺乏居安思危的意识。学校要从小激发学生的危机感，激发其以天下为己任的忧患意识。为了落实这一教育目标，学校在全校开设国防教育课程，从国防知识图说大事、时事热点等方面对学生进行教育。在五年级第一学期，先让学生参观军营然后将教官请进学校，对学生进行为期三天的军训，使其领略军人的风采，将学习与实践相结合。

6. 社会实践课程

依据春季学期和秋季学期气候特点以及学生的年龄特征，学校开展不同地点、不同形式的社会实践活动。从"浓情北京"系列到古都文化之旅，课程活动为学生提供了丰富的实践体验。"浓情北京"系列从元大都遗址公园到京味特色小吃，从四合院到八大胡同，从"中华老字号"手艺到中国科学技术馆，从圆明园探秘到走进博物馆(中国人民革命军事博物馆、中国人民抗日战争纪念馆、北京自然博物馆)再到名人(老舍、鲁迅等)故居，多彩的活动让学生深入了解北京文化，感受首都的文化魅力。京外之旅主要带领学生走进西安、徽州等文化古都，在实践、感知、体验的过程中锻炼学生的自理能力、与人合作和沟通能力，提升学生的实践素养和综合能力。

7. 生命教育课程

当前青少年存在道德观念模糊与道德自律能力下降等问题，网络成瘾、心理问题等现象层出不穷。家长过于强调孩子的智育，忽视了其生命教育。因此，小学生命课程的开设对学生的全面发展至关重要。生命教育，其目标在于使人学会尊重生命、理解生命的意义，学会积极生存、健康生活与独立发展。学校一至六年级从"敬畏秩序，遵规守矩""敬畏自然，和谐相处"和"敬畏生命，行有所止"三大板块，共计 16 课时，有序开展生命教育。

8. 成长课堂课程

学生的健康成长需要社会、家庭和学校三位一体的全方位教育，缺一不可。秉承这样的育人理念，学校建立"班级家委会、校级家委会"双轨运行工作机制。将各有专长的家长请进学校，发挥其职业特点，分享其成长经历，补充小学教师在学校教育教学方面以外的心得和经验，为教育提供别样的视角。

学校通过利用家长的特殊资源，挖掘其教育潜力，使之和学校教师的专业教学之间形成有力的互补。在此基础上，学校为学生搭建展示才能的舞台，特设"我慧我秀"课堂，将"让学生(家长)成为学生的教师"落到实处。目前，学校一至六年级每月至少开展成长课堂两次，内容从天文地理到交通安全，从生活卫生到保健养生，从"舌尖上的中国"到"理财从此刻开始"……每个年级、每学年的 16 课时成为学生健康生活与学习的有益补充。

(四)慧德课程的实施

慧德课程遵循教育规律及课程建设规律，不断探索课程体系建设的新思路和新做法，学生从德育课程的被动学习者转变成德育课程的主动建构者的基本态势已经初步形成，学校慧德课程呈现出蓬勃向上的发展势头。

1. 慧德课程目标设计全方位

(1)与学校育人目标和办学理念紧密结合

一般而言，学校的育人目标体现了国家教育方针对人才培养的总体要求。与此同时，学校会因发展基础、文化底蕴和发展愿景的差异，在育人目标的具体内容、育人方式与其彰显的特色等方面表现出不同。基于自身的环境特色，定慧里小学提出了"慧心乐行，幸福人生"的办学理念，旨在通过科学完善的课程设计助力学生健康成长，掌握本领，发展特长，开启自己的幸福人生。这与学校的育人目标——培养有底蕴、有智慧、有担当的未来幸福公民一脉相承。

(2)与学生德行成长的需要紧密结合

小学生正处于身心发展的关键期，只有打牢道德根基，才能为后续的健康成长和发展提供源源不断的正能量。因此，学校紧紧围绕学生品德发展和德行成长的需要，结合自身的实际活动，制定具有指引性和统

摄性的慧德课程目标。例如，通过"生命生命""快乐启航"课程帮助学生树立珍爱生命的意识，通过"我是演说家""小小军事家"课程培养学生阳光自信的精神风貌，通过"公益行动""致敬英雄"课程引导学生心怀祖国。在此基础上，学校通过"新闻早知道""红领巾广播"课程拓宽学生视野，使其有"放眼天下，心怀世界"的博大胸怀。

（3）与学生发展的阶段性紧密结合

学生将来走向社会所必备的品德和素养是在长期、持续的德育教学中逐渐养成的。慧德课程目标根据学生身心发展的不同阶段，呈现出过程性和阶段性特征(见表3-5)。

表 3-5　慧德课程阶段性目标

年级	分阶段德育目标
一年级	①主动向老师问好，上、下课时向老师起立问好； ②主动与同学打招呼； ③同学之间不说脏话； ④认真听取别人的发言，听完后可以礼貌地提出自己的意见
二年级	①对同学的精彩发言给予掌声； ②下课不追跑，不高声喊叫； ③排队参加集会； ④衣服整洁干净； ⑤节日向老师表达祝福
三年级	①与他人交谈时能够使用文明用语； ②同学之间团结友爱，互相帮助，不欺侮小同学，不给同学起外号； ③上课发言注意使用文明礼貌用语； ④同学发言时认真听，注视对方的眼睛； ⑤进出老师办公室要报告并使用礼貌用语
四年级	①在楼道中行走，做到慢步、轻声、靠右，不追跑打闹； ②课间散步时不大声叫喊； ③能主动帮助班级做力所能及的事情； ④参加集会做到快、齐、静； ⑤升降国旗时庄严肃穆； ⑥在节日里，制作卡片表达自己的心意

年级	分阶段德育目标
五年级	①关心、理解老师，能够与老师交换意见，主动帮助老师处理班级事务； ②进出老师办公室使用礼貌用语； ③建立真挚的同学情感，对生病回来的同学主动照顾，给生病在家的同学打电话慰问并主动提供帮助； ④课间活动谦让低年级的同学，做好表率
六年级	①不讥笑有问题的同学，不开过分的玩笑； ②无意中伤害别人要真诚地道歉； ③节日中自己动手动脑设计活动，对师长表示问候； ④学会反思自己的行为

2. 德育课程内容选择全覆盖

(1)关注学生实际

学生是具有发展潜能的人，是有发展需要的人，是教育的对象，[①] 德育课程的建设必须尊重和关注学生。因为他们不仅是德育课程学习的主体，也是施教对象和受益者。

关注学生的需求。学生的发展需求是学校选择课程内容的重要依据。课程应符合学生身心发展规律并兼具趣味性、综合性、开放性、实践性和时代性特点，以有效促进学生的发展。因此，学校要分析学生的所缺和所需，弄清学生的兴趣所在，尊重学生的自主思考。学生是一个个鲜活的生命，具有无限的潜能，其对自身发展的需求是多样的：遇到困惑，需要引导；遇到困难，需要帮助；遇到偏差，需要矫正……

关注学生的特点。亚里士多德认为，人的灵魂可以分为三个组成部分。7～14 岁正处于第二阶段，即动物灵魂时期。在埃里克森人格发展理论中，6～11 岁儿童的心理特点为勤奋对自卑感，12～18 岁为同一性对

慧心课程——指向学生核心素养的校本创意与深度实施

---

① 袁振国：《当代教育学》，79～80 页，北京，教育科学出版社，2004。

角色混乱。针对其特点，教育的目标应加强对学生活动的重视，对学生的认同、肯定，以帮助其建立自我同一性。各不同年龄阶段的教育要求、组织、内容、方法等要有所不同。

（2）富有时代气息

百年大计，教育为本。培养少年儿童成为"爱祖国、爱人民、爱劳动、爱科学、爱社会主义"的现代化建设的接班人是学校德育课程的任务，也是不可推卸的责任。弘扬主旋律是时代进步、文化建设的内在要求，它对学生形成正确的积极向上的思想道德意识，以及良好的道德行为具有重要的作用。尤其是关于爱国主义、集体主义等的教育必须常抓不懈。德育工作是加强未成年人思想道德建设的重要途径，在党的教育事业中具有特殊的地位和功能，应与时俱进、彰显时代特征。只有不断适应新形势、新要求，德育工作才能目标清晰、方向明确、实效凸显。

（3）强化实施过程

德育是一项特殊的教育，其意义不在于开展了多少活动，运用了多少形式，而在于学生的思想道德及道德行为是否有所改善，在于德育对象是否知行统一。要实现知行统一，必然要遵循"内化"而"外化"的发展规律。此过程一般需要三个阶段：认识和理解、认同和接受、升华与形成。①

德育课程的实施应能够促使学生知、情、意、行的协调良性发展。在德育的实施过程中，要尊重学生独特的观察、感受、行动、思考等方式，教育者不能急于求成，不能用自己认为合适的方式去取代适合学生的方式。课程的实施过程需要在有目的、有计划、有总结的基础上，遵循学生身心发展规律、认知规律等，细化环节操作，使其有实践、有体

---

① 柏拉图等：《教育的艺术》，曹晓红、吴大伟编译，44页，汕头，汕头大学出版社，2009。

验、有感悟，进而学以致用，不断在自我教育中完善、提升，以使课程实施有实效。

二、慧德课程的实践案例 >>>>>>>

 生命，生命

生命课程教师李丹

2020年年初，新冠肺炎疫情让很多人措手不及，如何珍爱生命、敬畏规则、与大自然和谐共处成为热议的话题。

我们以访谈的形式对学校的部分学生进行了前期调研。调研结果显示，学生对大自然的很多现象不够了解，不能和大自然和谐相处，对生命的安全意识不够，缺乏急救知识等处理措施，对自我价值的实现感到茫然无措，对于如何遵守规则、敬畏秩序、珍惜生命、自我实现等问题的认识不够。

因此，我们在疫情期间开展生命课程教育。课程主要分为六个板块。第一个板块为敬畏规则、珍惜自己，细致地向学生阐述了如何遵守交通规则，如何排队，如何礼让他人，通过不同场景的呈现，教会学生敬畏规则。第二个板块为保护环境、拒绝污染，主要教会学生如何通过实际行动保护环境和资源，降低环境、空气、噪声等各种污染。第三个板块为珍爱自然、和谐相处，主要结合热点问题号召学生拒绝野味、不乱砍滥伐、保护野生动物和生态环境。第四个板块为了解自然、保护自己，主要带领学生了解地震、暴风雨、雷电、温室效应等九种自然现象，让他们学会在这些现象来临的时候保护好自己。第五个板块为急救卫生、生命安全，主要引导学生学会一些简单的急救小常识，学会消毒止血、

合理膳食、保护视力。第六个板块为感恩惜福、自我实现，在引导学生学会敬畏规则、敬畏生命的同时能够敬畏职业、热心公益、实现自我价值。疫情期间，六大板块的内容在学校的微信公众号上进行推送，每周固定两期，方便所有师生学习。同时，各班的升旗仪式结合生命课程的主题，由教师带着学生查找资料，探讨研究，学习疫情期间武汉等地发生的感人故事，并展示给全校师生，进一步加强学生对生命课程的理解。

通过生命课程教学，学生对生命有了进一步的理解和认识。生命课程教会了他们敬畏规则、敬畏生命、敬畏自然，也教会了他们与大自然和谐共处，以及保护自己、热爱生命、实现自我价值。学生更加阳光了，心态更乐观了，参加活动更加积极了，一个个"慧美少年"脱颖而出。

健康是生命的根基，教会学生热爱生命、珍爱自己、健康阳光地生活，这是最重要的人生主题。

三、慧德课程的反思评价 >>>>>>>

德育课程是学校一切课程顺利开展的基础和灵魂。通过长期培养，慧小学子举止儒雅、阳光自信、大方有礼、坚毅乐观，积极参加各种活动，在各类比赛中脱颖而出。在中华人民共和国成立 70 周年庆祝活动中，学校部分学生作为海淀区代表参与"同心追梦"情境式表演三方阵展示并被评为先进集体。2018 年，在海淀区研学旅行课程手册成果评审中，学校获小学组一等奖。学校开发的研学课程《十三帝王根 中华五千魂——西安研学成果》，在 2019 年北京市中小学优秀研学旅行课程开发成果征集活动中荣获二等奖。学校在全国自主教育联盟暨自主学习研究院联合中国屈原学会自主教育文化传承与发展专业委员会举办的 2020 年度"自主之星"风采展示中获得优秀组织奖，在 2016 年海淀区学工委举办的

"我心中的红十字"征文活动中获得最佳组织奖。2018 年,"好书伴成长"为新疆和田地区中小学生捐书活动共捐爱心图书 1682 本,受到好评……

成绩固然可喜,但在课程实施中,学校发现了有待改进的地方。

(一)要充分挖掘学科教学中德育的功能

教育要尊重学生成长规律和教育教学规律,改变重理论知识传授、轻学生实践能力培养、忽视德育实效的现状。课堂是落实立德树人根本任务的主渠道,教师在每节课的教学中必须将德育目标列为重要的教学目标。学生只有在长期的浸润中才会锻造出优良的品格。

(二)家庭、学校、社会合力育人,是慧德课程新生态的重要途径

学校、家庭、社会三位一体同频共振,协同育人,是慧德课程一个新的研究方向,学校要抓住机遇,在现有基础上不断探索尝试新的路径。

一、慧智课程的体系构建 >>>>>>>

(一)慧智课程的建设依据

1. 智育的重要性

中华人民共和国成立以来，我国对智育就非常重视。毛泽东同志于1957 年提出"德智体全面发展"的观点，后来经过教育实践，党和政府提出"培养德智体美劳全面发展的社会主义建设者和接班人"的教育方针。1977 年我国恢复高考，1978 年召开了全国科学大会。邓小平提出"知识分子也是工人阶级的一部分""科学技术是第一生产力"的观点后，时代主题发生了变化。1985 年颁布的《中共中央关于教育体制改革的决定》明确指出，高度重视教育，加快发展教育，提高全国人民科学文化水平，多出人才，出好人才。这一目标确定了教育改革的整体战略定位。1999 年，《中共中央国务院关于深化教育改革，全面推进素质教育的决定》明确提出："实施素质教育，就是全面贯彻党的教育方针，以提高国民素质为根本宗旨，以培养学生的创新精神和实践能力为重点，造就'有理想、有道德、有文化、有纪律'的、德智体美等全面发展的社会主义事业建设者和接班人。"明确规定素质教育以提高国民素质为根本宗旨，体现了马克思主义以人为本、人的全面发展和人民是创造历史的根本动力的基本理论，指明了我国教育发展的路径和前景，标志着我国的教育进入一个新的发展阶段。由此可见，智育是历史进步的必然，也是我国独立于世界民族之林的重要根基。

2. 加强智育的现实需求

科技创新能力越来越成为综合国力竞争的决定性因素。发展科技、教育，是实现经济振兴和社会主义现代化的根本大计，也是建设创新型国家的必然要求。只有如此，才能早日实现中华民族的伟大复兴。科技创新的基石是对基础学科的扎实掌握。

2016 年，李克强总理在考察北京大学数学科学学院时强调，要突出理论数学等基础学科对提升原始创新能力的重要意义。他指出："数学特别是理论数学是我国科学研究的重要基础。我到一些大学调研时发现，能潜下心来钻研数学等基础学科的人还不够多。无论是人工智能还是量子通信等，都需要数学、物理等基础学科作有力支撑。我们之所以缺乏重大原创性科研成果，'卡脖子'就卡在基础学科上。"①

以小学数学为例，数学学习好比一条链，一环紧扣一环，不但从低年级到高年级，各年级之间存在着依赖关系，而且在每个年级里的各个内容之间也存在着这种关系。高一级的知识依赖于低一级知识的扎实掌握。

学生作为祖国未来的建设者和接班人必须从小做起，认真全面地学习各科文化知识。只有这样，才能跟上瞬息万变的时代，才能在科技创新的路上越走越远。

3. 智育在个体发展中的重要作用

知识是认识世界和改造世界的武器。在智育过程中，学生不仅能掌握一定的科学文化基础知识及相应的技能，为今后从事社会劳动和继续学习、形成科学的世界观奠定坚实的知识基础，而且能有效地促进智力

① 《李克强为何反复强调数学等基础学科的重要性？》，http://www.gov.cn/xinwen/2018-01/04/content_5253247.htm. 引用日期：2021-01-08。

和能力的发展，为终身学习和从事创造性活动做好自身条件的准备。同时，智力与能力是个体生存于世界并对世界做出贡献所必需的内在精神能力。此外，教师在引导学生掌握知识、发展智力的过程中，还能培养他们对科学的追求、对真理的热爱的精神，并使其养成良好的学习习惯，让他们在未来的学习和劳动中终身受益。

4. 智育与其他各育的融通性

人的健全发展，不管具体包含什么要素、多少要素，都必须包含健全的心智。[①] 健全的心智是人的全面发展的核心，因此，智育是全面发展教育中非常重要的一部分。它的知识逻辑存在于各个学科，智育是德育的理智基础，智育为体育提供科学训练方法，智育为美育提供认知的工具和心智基础，智育使劳动者掌握劳动技巧。[②]

(二)慧智课程的规划

1. 慧智课程设置的原则

遵循《国家中长期教育改革和发展规划纲要(2010—2020 年)》文件精神和学校智育实际相结合的原则，全面系统地向学生传授现代科学的基本知识和技能，以提高他们的科学文化水平，培养他们的科学态度，为学生奠定比较完整的知识基础。

2. 构建慧智课程的目标

尊重学生的主体地位，了解学生学习的起点，通过问题引领引导学生深入思考，积极发展学生的智力，特别是创造性思维能力和探索精神，培养学生各方面的兴趣和才能，实现从"学会"到"会学"的转变。

---

①② 冯建军:《构建德智体美劳全面培养的教育体系：理据与策略》，载《西北师大学报(社会科学版)》，2020，57(3)。

3. 慧智课程的设置体系

基于学校的办学理念、育人目标以及对智育的深刻认识，结合学生核心素养，学校进行了慧智课程体系构建，主要从语文、数学、英语、信息技术、科学五大领域进行探索。语文方面，以阅读和写作为突破口，注重学生语文综合素养的提升；数学方面，以益智游戏和数学历史为基点拓宽数学学习的领域；英语方面，鼓励学生在学习中应用，通过原创绘本制作和英文戏剧展示激发学生持续学习的动力；信息技术和科学两大领域，旨在培养学生的创新精神、动手能力和科技素养。五大领域，20门课程，全方位、多角度、系统化地提高学生的科学文化水平，培养他们的科学精神和追求真理的态度(如图3-2所示)。

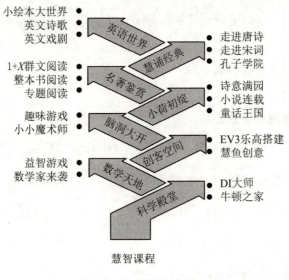

图 3-2 慧智课程体系图

(三)慧智课程的开发

1. 科学殿堂

科学殿堂领域由 DI(Destination Imagination，中文译为"目的地想

象"，是一项国际性的培养青少年创造力的活动)大师和牛顿之家课程组成。课程紧紧贴合《义务教育小学科学课程标准》提出了"从问题中寻求真理，在证明中得到开心"的课程理念，将材料科学、地球科学、工程科学、生命科学等原理设计成富有趣味性的科学实验。在动手实践的过程中，学生的专注力、自信力、动手力和观察力得到了锻炼。

2. 数学天地

数学天地领域由益智游戏和数学家来袭课程组成。课程从《义务教育数学课程标准(2011年版)》出发，把80款数学游戏引入课堂，鼓励学生玩起来、思起来。同时开发数学演讲课程，以讲述数学家的故事为主，鼓励学生开展数学阅读，锻炼学生的口才。学校通过数学天地提高学生的数学学习兴趣。

3. 创客空间

创客空间领域由EV3乐高搭建和慧鱼创意课程组成。课程均以提升学生的创新素养、实践素养为目标，充分尊重并发挥学生的想象力，鼓励其独特个性的发展和展示。EV3乐高搭建课程操作简洁明快，易于上手，在一、二年级开展，培养学生"学习搭建"，提高其组合意识和空间意识。慧鱼创意课程则在"创意"二字上做文章，鼓励学生大胆思考、敢于创新，在四至六年级开展。

4. 脑洞大开

由趣味游戏和小小魔术师组成的脑洞大开课程是学校比较新的课程。趣味游戏侧重从数学的角度，挖掘生活中的数学元素，让学生结合有趣的数学现象进行思考和探究。小小魔术师则是从科学、物理和化学三个学科实验的角度引导学生进行知识的发现和实践应用。

5. 小荷初绽

小荷初绽是学生原创作品开发和推广的平台。该领域由诗意满园、小说连载、童话王国三部分构成，即鼓励学生创作儿童诗歌、校园小说和童话故事，以学校微信公众号为载体进行推广和发布。

6. 名著鉴赏

名著阅读一直是学校教育工作的特色。在大量阅读、广泛阅读的基础上，从课内和课外两个维度进行划分，从 1＋X 群文阅读、整本书阅读、专题阅读三方面进行阅读教育工作。学生在阅读中不仅增长了阅读量，还收获了阅读的方法。

7. 慧诵经典

慧诵经典由走进唐诗、走进宋词、孔子学院三大课程组成。即以中国诗词中的唐诗、宋词和儒家经典《论语》为重点诵读蓝本，鼓励学生每日诵读积累，在大量的吟诵中感悟中华优秀传统文化之美，夯实文化底蕴，增强文化自信。

8. 英语世界

英语世界由小绘本大世界、英文诗歌、英文戏剧三大课程组成。三大课程分别从低段、中段和高段着眼，分年级、有重点地突破。小绘本大世界课程适合一、二年级学生想象丰富、爱涂鸦的特点；英文诗歌朗朗上口，训练三、四年级学生诗意表达。有了四年的英语积淀，高段的学生通过英文故事和英文名著片段的演绎增强英语学习的持续动力。

(四)慧智课程的实施

1. 实现从"学会"到"会学"的转变

现代建构主义学习理论认为，知识并不能简单地由教师或其他人传授给学生，而只能由每个学生依据自己已有的知识和经验主动地加以构建；同时，让学生有更多的机会去论及自己的思想，与同学进行充分的交流，学会聆听别人的意见并做出适当的评价，有利于促进学生发展自

慧心课程——指向学生核心素养的校本创意与深度实施

我意识和进行自我反省，真正体现"学生是主体，教师是主导"的教育思想。智育是全面发展教育的组成部分，它促进人的心智发展，为人的全面发展提供知识和智力支持。[1] 智育始于知识传递，也以知识传递为核心，但又不止于知识传递。因此，教师要转变教学观念，摒弃"填鸭"和"满堂灌"，让学生说出困扰自己的学习问题，并以此作为核心问题在课堂中鼓励学生探究、尝试解决，真正实现从"学会"到"会学"的转变。

2. 重视阅读，让其成为学习的桥梁和纽带

首先，互联网技术让现代社会变成了一个信息社会，不断地获取信息是人们每天的常态。阅读是获取信息的重要途径。虽然科技提高了获取信息的速度，提供了获取信息的渠道，但图书文献仍然是人们获得信息的来源，这证明阅读在当代社会的重要性。对小学生而言，阅读书籍更是他们获取信息的基本途径和直接方法。

其次，阅读是学习的重要基础，是人们继承文化遗产、学习科学知识、认识客观世界和改造主观世界的基本途径之一。通过阅读前人留下来的各种资料，我们可以避免许多重复的试验和无效的劳动，直接在前人经验和成果的基础上，从事高起点的研究和创造。

最后，阅读是听、说、写的基础，在学习过程中起着重要的作用。一般而言，成绩优秀的学生在阅读上花费的时间也多。换句话说，阅读是学习所有学科的基础。

基于此，学校在各个学科、各个年级大力推行阅读。从语文学科的1＋X 群文阅读、整本书阅读和专题阅读，到数学学科的绘本阅读、数学专著阅读，再到英语学科的英文绘本阅读和其他学科的特色阅读，阅读为学生打开了学习的另一扇窗，让他们见到了美丽的风景。

---

[1] 冯建军：《构建德智体美劳全面培养的教育体系：理据与策略》，载《西北师大学报（社会科学版）》，2020，57(3)。

3. 在多彩的活动中发展智力，培养能力

智力是一个人观察力、记忆力、想象力、创造力的综合。能力则是运用知识、解决问题的综合素质。智育的主要任务是培养学生灵活运用知识、解决实际问题的能力。因此，发展智力、培养智慧和能力是智育的关键。学校在这方面做了很多有益的尝试：每年一次的戏剧嘉年华，鼓励学生将阅读进行转化，自编自导自演的原创校园剧让他们过了一把导演瘾；每学期一次的数学游戏挑战赛让学生的个性得到彰显，在游戏和同台竞技中增强自信、欣赏他人；英文趣配音和英文戏剧让学生学以致用，敢张嘴，敢表达；科学实验达人秀充分利用校园环境引发学生思考，引导他们发现问题、思考问题、解决问题，并通过微视频的形式进行展示，在全校营造"科学＋生活"的研究氛围；"定慧杯"校园机器人挑战赛不设门槛，鼓励参与，为学生搭建展示自我的舞台。

一个个有创意的活动激发了教师和学生不断学习、持续充电的热情，在活动过程中，培养了学生的科学精神、创新意识和创新能力。

二、慧智课程的实践案例 >>>>>>>

用游戏撬动数学学习之旅

益智游戏课程教师王金子

国际上的众多学者对游戏教学有非常丰富的研究，并获得了丰硕的成果。紧跟时代潮流，我国教育工作者也展开了这方面的研究，将游戏应用与小学数学教学相结合，增加课堂的趣味性，并在这个过程中积累了丰富的实践和理论经验。

数学游戏作为一种载体，以简单直观的形式承载着丰富的内容。它

是调整学习过程的一种有效的教学手段，一直受到学生和教育工作者的关注。随着时代的发展，当代小学生使用电子产品的时间越来越长，如何把学生引向既动手又动脑的益智游戏，非常值得思考。游戏有开发学生智力的作用，对于年龄较小的学生来说，大部分的学习是为了开发智力，提高学习兴趣和激发求知欲。益智游戏是以锻炼脑、眼、手等为目的的游戏，使人在游戏中发现问题、提出问题、探究并解决问题，从而达到逻辑分析能力、思维敏捷性和手眼协调能力等多方面提高的目的。

在校长的引领下，学校把数学益智游戏引入课堂，并以此为契机，设计了系统的特色数学课程。数学益智游戏实现了教育性和娱乐性的平衡，学校通过自主探究游戏设计，帮助儿童建立自信心。数学益智游戏具有竞争性的特点，学生在游戏中必须集中注意力，积极主动地应对，调动眼耳等器官共同作用，以取得游戏的胜利。从这个意义上来说，数学游戏可以很好地辅助培养学生的学习习惯，包括主动思考的习惯、专心听讲的习惯、认真观察的习惯、严守纪律的习惯、一丝不苟的习惯、正确运用语言的习惯、合作交流的习惯和勇于创新的习惯等。

在日常教学过程中，我们有以下规划。

1. 分学段选择典型游戏，并设计课程

为了有计划地形成系统性课程，在学科主任的带领下，数学教师一起制定了不同系列、不同学段的游戏内容。

2. 数学游戏考级与数学嘉年华活动

定期的数学游戏考级给了学生及时的反馈，助其收获自信心；每学期的数学嘉年华，为学生提供了交流的平台，助其打开眼界，收获进步。

3. 迈出校门，迎接挑战

我们为学生提供比赛信息，搭建平台，鼓励学生勇于"走出去"。2019 年，校外的九连环大赛上，学生收获颇丰，多人获得一、二等奖，学校被授予优秀组织单位。

在日常的培养中，我们看到很多因为数学游戏而不再抵触数学学习的孩子，我们看到曾经的"角落男孩儿"，因为擅长数学游戏而被同学围在中间，变成眼神放光的孩子……

曾经，这个"角落男孩儿"各科的成绩都不突出，在班里的朋友并不多。一次魔方课，让这个孩子找到了"扶手"。经过不断钻研，他复原八阶魔方都不在话下，从此成为班级乃至年级的"风云人物"。在六年级的研学中，他主动向外国友人发起挑战。这样意气风发的少年，这样勇于挑战的少年，又岂是一项成绩可以评价的。在后来的持续追踪中，我们发现升入初中的他数学成绩非常理想。是数学游戏给了他勇气，帮助他吸引了朋友，也引导他探寻到了开发智慧的方法。

益智游戏课程激发了学生对益智游戏项目的热爱，使他们了解数学历史文化知识，建立和数学学科的联系，从而培养数学学习的兴趣。通过实践探究，学生能够掌握基本的游戏规则和方法。在这个过程中，学生开阔了视野，思维变得灵活缜密，思考力得到了提升。同时，经历不断反思调整的过程，学生养成了善于发现问题并主动探究的习惯。他们在坚持不懈的努力中积累活动经验，增强自信心，努力争做慧美少年。

三、慧智课程的反思评价 >>>>>>>>

慧智课程实施以来，学校在相关领域取得了突破性进展，在多项比赛中斩获佳绩：2016 年海淀区中小学生计算机知识竞赛优秀组织奖；2017 年北京市学生机器人智能大赛机器人工程挑战赛小学组一等奖；2018 年索尼智慧校园 KOOV 青少年创新挑战活动优秀组织奖；2018 年北京市学生机器人智能大赛 FLL 项目一等奖；2019 年北京市学生机器人

智能大赛工程挑战项目一等奖；"萌娃说交通"主题文艺作品大赛一等奖；《慧心诗语》荣获 2015—2016 年海淀区学生艺术节戏剧展演一等奖；第六届海淀区青少年微电影节活动优秀组织奖。学校被评为北京市 2018 年度市级交通安全先进单位、传统文化教育基地（校）联盟、全国新教育实验优秀实验学校、2017 年京城百所特色校——家门口的好学校。

第三节　慧体课程，为生命精彩保驾护航 >>>>>>>

一、慧体课程的体系构建 >>>>>>>

（一）慧体课程的建设依据

1. 体育的重要性及其特殊性

一个人身体素质发展的关键时期是青少年时期。青少年的体质健康水平不仅关系个人健康成长和幸福生活，更关乎整个民族的未来发展。

为了切实提高学生身心健康水平，时任国务委员陈至立 2006 年在全国学校体育工作会议上的讲话中强调了"健康第一"的重要指导思想。《国家中长期教育改革和发展规划纲要（2010—2020 年）》中指出，"把促进学生健康成长作为学校一切工作的出发点和落脚点"，提出了"加强体育，牢固树立健康第一"的教育方针。《中共中央国务院关于深化教育改革，全面推进素质教育的决定》指出："健康体魄是青少年为祖国和人民服务的基本前提，是中华民族旺盛生命力的体现。学校教育要树立健康第一的指导思想，切实加强体育工作。"2018 年，习近平总书记在全国教育大会上指出，"培养德智体美劳全面发展的社会主义建设者和接班人"。

由此可见，不论是国家层面还是个人层面，体育的作用是不可替代的。

2. 加强体育的现实需求

增强少年儿童的体质，促进少年儿童健康成长，是关系国家和民族未来的大事,是一个民族旺盛生命力的体现,是社会文明进步的标志,是国家综合实力的重要方面。对比分析近几年学生在身高、体重、肺活量、50米跑、坐位体前屈中的数据发现:除身高和体重两项指数高于平均值以外,其他几项成绩均不能令人满意。特别引人注意的是学生的耐力素质和柔韧素质越来越低。虽然现在学生的营养改善了,体育课时在课程表中的数量增加了,但学生的体质反而下降了,这种现状引起了学校体育老师的深思。

究其原因,一是体育课专项训练的缺乏。出于安全的考虑,篮球、毽子、跳绳、接力跑等内容在课堂中非常常见,但是耐力跑由于枯燥无味不受多数学生喜爱,往往不在体育训练的选择之列。在如此形势下,体育课的运动量难以保障,练习的强度很小。久而久之,就造成学生的耐力素质存在明显差异。二是体育场地和器材不足或使用不当。大多数学校运动场地面积与学生人数的比例严重失调,体育活动场地和器材明显不足,与此同时,部分体育器材(如体操类器材)使用率不高。学生运动集中在跑步、篮球、乒乓球、羽毛球等项目,尤显得学校体育场地和器材匮乏。学校运动场地的欠缺导致学生没有施展运动才华的充足空间。三是课后体育锻炼的时间太少。在家庭中,家长过多地重视智育,比较关心孩子的文化课成绩,忽视了身体素质的培养。

(二)慧体课程的规划

1. 慧体课程设置的原则

遵循国家体育课程标准与学校体育实际相结合的原则;将"寓教于体,体教相长,强健体魄,幸福铸基"放在首位,确保开齐、开足体育课,上好、上"活"体育课,实现每天锻炼一小时的课程目标。

2. 构建慧体课程的目标

《义务教育体育与健康课程标准(2011年版)》遵照"健康第一"的指导思想，强调实践性特征，突出学生的学习主体地位，努力构建较为完整的课程目标体系和发展性的评价方式。基于此，慧体课程的目标是通过构建科学、合理、完善的体系，引导学生热爱体育，在丰富多彩的活动中增强学生的体能，培养其坚强的意志品质、合作精神和交往能力，使其具有健康的体魄、健全的人格，实现学生的全面发展，为其享有健康的生活打下坚实的基础。

3. 慧体课程的设置体系

学校基于办学理念、育人目标以及对体育的深刻认识，结合学生核心素养，进行了慧体课程体系构建。从"跃动球场""灵动时空""舞动童年""韵动健美"四个领域开发设计体育课程。"跃动球场"从学生比较熟悉的篮球和足球运动入手；"灵动时空"结合中华优秀传统文化，以羽毛球和空竹为突破点；"舞动童年"选取中华武术和太极扇作为组成板块；"韵动健美"结合健美操和舞蹈对学生进行体育素养的全面熏陶和浸润。8门特色课程让学生接触体育、爱上体育、享受体育(如图3-3所示)。

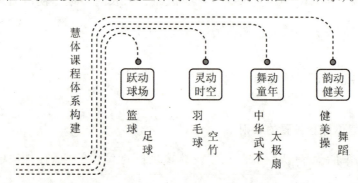

图 3-3　慧体课程体系图

(三)慧体课程的开发

1. 篮球课程

篮球是定慧里小学的传统运动项目，也是学校优势特色教育项目。学校采取课程专项化、师资专项化、活动社会化等举措，面向全体学生普及篮球运动知识，使篮球成为校园内人人掌握的一项运动技能。学校坚持组织小型多样的篮球运动比赛活动，培育校园篮球文化。课程增强了学生的身体素质，增加了学生体育学习兴趣，丰富了体育特色校园建设的内涵。

2. 足球课程

学校从学生的兴趣爱好出发，将足球学习分课时、分年段、有重点地引入体育课堂，有计划、有步骤、有重点地面向全体学生普及。该课程从足球的历史和战术入手，引导学生在实践中了解足球的基本功以及足球的战术和比赛规则。在此基础上，根据调研结果和学生的实际发展，开设足球社团作为课内学习的有益补充，让学有专长的学生得到进一步培养和提高。

3. 羽毛球课程

作为篮球课程、足球课程的有益补充，羽毛球课程被较早纳入定慧里小学的球类课程开发设计计划中。研究表明，羽毛球运动不仅需要爆发力、大量的跑动，还需要灵敏的反应能力以及出色的手眼协调配合。正因为如此，羽毛球早早地就被列为奥运会的比赛项目。基于羽毛球的上述特点，学校在四至六年级开设羽毛球课程。

4. 空竹课程

曾经，旋转着的空竹给人们带来了无限的乐趣，但是这种场景已经随着城镇化的进程而逐步减少了。海淀区开展空竹课程的学校已寥寥无几。学生不仅没有系统接触过这项运动，对空竹所代表的优秀传统文化更是知之甚少。定慧里小学于 2016 年将空竹引入体育课程，面向全体学生开设空竹必修课。课程的主要任务就是根据学生的生理和心理特点，有目的、有计划地教授学生学习并掌握空竹技能，提升学生的参与意识，使其更深入地了解空竹文化。

5. 中华武术课程

2013 年，《人民日报》"体坛观澜"栏目为武术进校园叫好。武术进校园在为坚守中国传统体育项目开出一剂良方的同时，也为学生提供了一项选择。基于此，学校秉承"从娃娃抓起，武术强身"的理念，开设中华武术课程。通过柔韧练习、腿法、基本步型、基本手型等方面的教学，学生加深了对武术传统文化的了解与认知，增强了民族文化自信。

6. 太极扇课程

武术刚劲硬朗，充满力量之美，展现了中华民族的坚韧不拔。太极扇动作柔和、缓慢轻灵、姿势舒展，是中华武术的有益补充，体现了"物我相合，天人合一"的道法真谛。定慧里小学将太极扇作为全校的体育特色课程，要求全体师生人人参与练习。实践证明，太极扇不仅能够改善学生的身体机能，提高人的平衡力，还能改善学生的精神面貌，帮助其树立自信、挑战自我。

7. 健美操课程

健美操课程是学校开发的又一特色体育课程。它以富有节奏的动作为基础，通过艺术加工与编排，使身体各个部位和关节得到充分活动，不仅能培养学生端庄的体态，同时有助于他们的身体发育。学校体育组在《全国健美操大众锻炼标准》的基础上，通过开展问卷调研和访谈等，结合学校学生的特点和需求，先后开发了《卡路里》健美操、花球啦啦操、技巧啦啦操和大众健美操四种类型的健美操。

8. 舞蹈课程

学校依据国家课程标准，在确保开齐、开足体育课的基础上，努力实现"因需而开、创新开发"的愿景。在开设健美操课程的基础上，一至六年级每周开设一节舞蹈课。学校根据学生的年龄特点和心理特点，分别开设少儿舞蹈、民族舞蹈和中国古典舞蹈三种类型的舞蹈课程。在接触舞蹈的过程中，学生养成了良好的身体姿态，增强了自尊自信，发展了身体的灵动性。

(四)慧体课程的实施

1. 三个"起来"提高教学质量，让学生爱上体育

这里的三个"起来"，指的是让学生在体育课程中快乐起来、运动起来、展示起来。"快乐起来"指的是引导学生感受体育课的乐趣。快乐是运动的前提，因为喜欢所以快乐。"运动起来"表现为动作的准确和频次，也就是要保障体育课程的运动量和动作的精准度。运动量上去了，动作教得到位了，才能保证学生学会某项体育运动，从而达到学会的目的。这里的"学会"不仅包括学生会表达、会示范、会应用，还包括在课程中学会做人。因为体育课程不仅能强身健体、增强体质，还能让学生在与同伴的互动中学会欣赏、学会合作。这四个方面相互联系，缺一不可。"会"是"乐"与"动"的结果。"展示起来"侧重于为学生搭建课程学习成果展示的舞台，从体育课到体育节，从校内到校外，从线下到线上，全方位、多角度、多形式的展示让学生爱上体育课程。

2. 三个"注重"开发第二课堂，构建体系化结构

体育课程的实施，除体育课以外，大课间、课外活动、运动竞赛等活动方式也不容忽视。定慧里小学打造"注重学习、注重练习、注重比赛"的一体化体育课程，使学生牢固掌握运动技能，形成运动能力的多元

形式。学而不练、练而不赛，不仅运动技能无法掌握，难以学以致用，也难以实现"享受乐趣、增强体质、健全人格、锤炼意志"的目标。学、练、赛的联动模式调动了家庭、学校、社会三方的协同，弥补了学生校园体育课程学习的不足。

3. 必修和选修结合，强化兴趣培养

体育课程除了高中课标规定实施选项教学外，义务教育阶段尚未提出选项教学的明确要求。初中与小学一般采取班级授课制，学生缺少选择的机会。即便学生已经对某项运动产生了兴趣，由于教学内容一刀切，不利于保持学生的兴趣。学校在把运动项目学习类型划分为必修必学、选修选学以后，针对必修和选修的内容充分考虑课程实施组织形式的变化。除了空竹、武术作为全校学生的必修课程外，羽毛球、篮球、足球、太极扇、舞蹈、健美操均为选修项目，学生可以根据个人兴趣爱好和特长定位，在个人申报或教师推荐的基础上，参与体验实践、定向培养等教学活动。必修和选修相结合的方式，有利于学生运动兴趣的培养和运动需求的满足。

二、慧体课程的实践案例 »»»»»»

跳出精彩，舞动四季

健美操课程教师郝曼丽

几年前，我作为一名新任体育老师踏入定慧里小学的校园。渡英桥下流水潺潺，求知亭内顽童对弈，操场旁银杏树挺拔夺目，尤其是我看到学生灿烂的笑脸、阳光下奔跑的身影时，成为一名老师的幸福感满溢而出。我要尽我所能为他们做点什么，让他们拥有快乐的小学时光。

慧心课程——指向学生核心素养的校本创意与深度实施

每天体育组的其他老师组织学生参加课间操活动时，我默默地观察学生的精神状态。渐渐地，我发现学生对已学过的两套广播体操兴致不高，做动作时手臂不到位，步伐不清晰，一套操做下来并没有达到该有的运动强度和锻炼效果。看着一个个耷拉着的小脑袋，我想用我所学的专业知识和技能让学生真正体会到体操类活动的快乐和益处。于是，我在课上做了小调查，想知道学生为什么不喜欢做操。"广播体操动作太傻了，越认真做越觉得丢人。""从二年级就是这两套广播体操，都做三年了。""做操不好玩，跳舞比较好玩！老师你看跳舞的小视频吗？"……在与学生的沟通中，我渐渐能理解他们了。现在的学生每天被各种网络信息包围，接收的信息多，喜欢新奇事物，也早熟。想要吊起他们的胃口，先要投其所好，再慢慢引导。于是我浏览了大量流行歌曲和舞蹈短视频，将动作改编成4个或8个八拍的简单流行舞，在准备活动或放松活动时带领学生一起跳。看着他们渐渐有了兴趣，我选取电影插曲《卡路里》编排了一套健美操，对应歌词加入大众健美操的基本步法及手臂动作。之后，在校长和体育组其他老师的支持下，全校学生学习了这套健美操。由于歌词有趣，旋律欢快，动作打破了传统广播操的限制、新潮而多变，一经推广便受到学生的喜爱。随后，在校长的提议下，全校举行了健美操比赛，学生的热情和兴趣空前高涨。

虽然进行了全校普及，但为了健美操项目更好地发展，我们还需要高水平队伍的引领。于是组建了健美操社团，一开始只选取了四年级的十几个女生进行训练。这些学生接触健美操较晚，而且很多没有舞蹈基础，但凭借着一腔热血，大家都咬牙坚持了下来。随后在校内运动会上她们的啦啦操节目惊艳全场，也为社团吸引了更多学生的加入。目前，健美操社团共有二至五年级的23名女生、2名男生，训练项目主要为花球啦啦操、技巧啦啦操、大众健美操。两年时间里，学生多次参加市级、区级比赛，获得北京市中小学生花球啦啦操第七名、海淀区中小学生大众健身操第二名、北京市校园足球文化节表演一等奖等荣誉。

现在走在校园的每个角落，都能想起与学生的美好回忆。春天的朝阳下，我们一起晨跑、压腿；夏天，我们在舞蹈教室挥汗如雨，再开心围坐吃冰棍；秋天，我们自信地踏入赛场，收获满满；冬天，我们调整方案，蓄势待发。健美操这项力与美的项目被越来越多的慧小学子所喜爱，希望健美操所传达的积极向上、团结协作的精神能伴学生四季，让其受益一生。

三、慧体课程的反思评价 >>>>>>>

经过几年的实践探索，慧体课程呈现出蓬勃发展的态势。从 2016 年开始，学校每学期举办校园足球联赛。通过几年的实践，学校足球教育特色明显，足球活动的开展颇具特点：不仅在校内引进足球特色课程，还将足球特色融入学校的大课间活动中，通过以赛带练、以练促教的方式，提高了学生对足球运动技能的掌握水平，使他们品味到足球文化的魅力。足球课程的开展，不仅丰富了学生的课余生活，锻炼了体魄，还培养了学生朝气蓬勃的精神面貌、团结协作的合作意识、拼搏奋斗的进取精神，为培养"慧美少年"打下了坚实基础。学生先后获得学区足球联赛男子甲组、乙组第三名以及小学女子组道德风尚奖等好成绩。

此外，武术、空竹、健美操、舞蹈方面的表现也可圈可点，多次荣获赛会优异成绩，取得了良好的办学声誉。2018 年，学校被评为海淀区国家学生体质健康标准测试十佳学校；荣获北京市武术比赛一等奖；荣获 2019 年第十一届北京市体育大会奥运村空竹花样比赛一等奖，参与北京电视台节目录制；健美操项目比赛中，先后获得北京市校园足球文化

慧心课程——指向学生核心素养的校本创意与深度实施

节表演一等奖，北京市中小学生花球啦啦操第七名，海淀区中小学生大众健身操第二名，海淀区啦啦操爵士套路第三名，2019 年第十一届北京市体育大会健美操比赛小学乙组轻器械健身操第三名等多项荣誉；舞蹈项目比赛中，获得海淀区 2018 年校园集体舞比赛三等奖、海淀艺术节群舞银奖。

一、慧美课程的体系构建 >>>>>>>

(一)慧美课程的建设依据

1. 时代对美育的新要求

美育是新课程改革和全面推进素质教育的要求。1999 年,《中共中央国务院关于深化教育改革,全面推进素质教育的决定》首次将美育作为国家的教育方针写入文件。2010 年,《国家中长期教育改革和发展规划纲要(2010—2020 年)》提出:"全面贯彻党的教育方针,坚持教育为社会主义现代化建设服务,为人民服务,与生产劳动和社会实践相结合,培养德智体美全面发展的社会主义建设者和接班人。"2013 年,党的十八届三中全会在《中共中央关于全面深化改革若干重大问题的决定》中提出了"改进美育教学,提高学生审美和人文素养"的改革任务。2015 年,国务院办公厅印发《关于全面加强和改进学校美育工作的意见》指出:"美育是审美教育,也是情操教育和心灵教育,不仅能提升人的审美素养,还能潜移默化地影响人的情感、趣味、气质、胸襟,激励人的精神,温润人的心灵。"

从党和国家的教育方针中可以看出,美育在我国教育中具有重要而又特殊的地位和作用,审美素养成为衡量学生是否全面发展的重要标准之一。

2. 开设美育课程的重要性

学校开设美育课程十分重要。美育不仅能培养人的审美能力,还有

利于塑造完美人格。学校教育的根本任务是育人，美育有着不同于德育、智育、体育的独特功能，它们之间不能互相取代。德育属于思想政治的伦理道德范畴，体现"善"的要求，目的是解决世界观、人生观、价值观方面的问题，方式偏重说理。智育主要是传授科学文化知识和进行智力培养，引导人们去认识和把握事物的客观规律，体现"真"的要求，方式是运用逻辑思维。体育的主要方式是运动，目的是增强人们的体质。美育的目的是陶冶情操、美化心灵，体现"美"的要求，方式主要是运用形象思维，通过具体可感的形象表达人的情感。

3. 美育课程现状

教育部部长陈宝生指出：党的十八大以来，我国学校美育改革发展进入加速提质阶段，育人导向更加凸显，美育课程建设稳步推进，资源保障持续向好，推进机制不断完善，品牌项目成果丰硕。但同时，美育仍然是教育工作的薄弱环节，仍然是素质教育中亟待补齐的短板。[①]

长期以来，我国小学教育功利化的取向导致美育失去应有的地位，使美育被排挤到边缘地带。《关于全面加强和改进学校美育工作的意见》中指出当前美育工作存在的问题，"一些地方和学校对美育育人功能认识不到位，重应试轻素养、重少数轻全体、重比赛轻普及"。研究表明，对美育认识上的不到位、简单化和在课程建设上的少抓手、浅表化是问题的主要原因。[②]

美育课程建设的主要问题表现为课程模块较为单一。大部分小学的美育课程以音乐、美术和艺术学科为主，忽视实践活动，教学形式单一，教学过程不够扎实，师资力量比较匮乏，课程教材有限，本土特色文化没有

[①] 《教育部部长陈宝生：扎实推进新时代学校美育工作》，载《中国青年报》，2018-04-23。

[②] 杨培明：《普通高中美育的时代意趣与课程体系建构——以江苏省南菁高级中学为例》，载《教育理论与实践》，2017，37(35)。

融入美育课程。此外，小学美育还存在资源缺乏、教师队伍薄弱等问题。"说比做重要"是学校美育的生动写照。

(二)慧美课程的规划

1. 慧美课程设置的原则

坚决贯彻落实《关于全面加强和改进学校美育工作的意见》，将思想性与艺术性、美育内容与实际生活、情绪体验和逻辑思维、统一要求和因材施教之间的结合真正落到实处。

2. 构建慧美课程的目标

《义务教育艺术课程标准(2011 年版)》提出：艺术课程是一门综合音乐、美术、戏剧、舞蹈、影视等艺术门类为一体的课程，它具有人文性、综合性、创造性、愉悦性和经典性的特征。[①]

基于此，慧美课程的目标就是通过教学活动，指导学生热爱生活，为创造美好社会和人生助力。在此过程中，帮助学生积累艺术知识，习得艺术技巧，形成一项艺术特长和爱好，培养感知美的能力，使他们能够理解和尊重文化艺术的多样性，实现德智体美劳全面发展。

3. 慧美课程的设置体系

基于课程目标以及对美育的深刻认识，结合学生核心素养，学校进行了慧美课程体系构建，分别从四个领域、八个方面开发设计美育课程。

"金声玉振"注重发挥音乐的审美价值，展示其承载的社会道德的特性，让学生在学习音乐、感受音乐的过程中开发智力，培养合作精神与创新意识。"妙笔丹青"从中国美术的传统文化元素入手，以卵石画、年画和脸谱为切入点，用传统民间艺术陶冶学生的情操，激发其对中华优

---

① 中华人民共和国教育部：《义务教育艺术课程标准(2011 年版)》，北京，北京师范大学出版社，2012。

秀传统文化的热爱，感受作为中国人的骄傲和自豪。"翰墨书香"紧扣中华民族优秀传统文化的瑰宝之一书法，在遵循国家课程标准的基础上，进一步丰富书法课程的内涵，扩大其外延，将中国篆刻引入其中。学生在与历代书法名家"对话"中了解汉字的前世今生，在潜移默化中传承汉字书写文化，了解我国传统文化的精髓。在习字学书中修身养性、陶冶情操，增强民族文化自信。"梦想舞台"秉承"慧心乐行，幸福人生"的办学理念，以卢梭提出的"在实践中学习"的教育观点为基点，以杜威的"渐进式教学"理论与麦恩斯的"创造力教学"理论为支撑，开发并架构了以戏剧为内容的校本课程，旨在使学生的创造力得到有效开发，自信心得到增强，个人独特个性得到张扬和展现(如图 3-4 所示)。

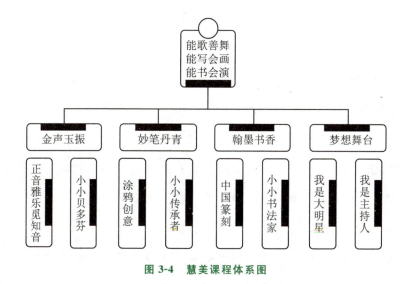

图 3-4 慧美课程体系图

(三)慧美课程的开发

1. 正音雅乐觅知音课程

文化基础、自主发展、社会参与是构成学生六大核心素养的三大方面。其中，人文底蕴与审美情趣是中国学生核心素养中的基本要点。音乐作为文化的重要组成部分，首先具有审美价值，其次具有社会教化功能。基于此，定慧里小学开设正音雅乐觅知音课程，利用音乐对学生进行审美教育，提高其审美水平和艺术修养。该课程从"引吭高歌""律动心弦""八音齐奏"三个方面入手，拓展学生音乐学习的方式与空间，提升音乐学习兴趣。课程选取主题积极向上的歌曲，帮助学生树立感恩、热爱生活、学会珍惜的情怀，实现以美育人的社会性功能。

2. 小小贝多芬课程

此课程重在激发学生对乐器的持久热爱。课程从个人兴趣出发，在已有的学习基础上，通过学校每周固定的社团活动和个人自主推荐双管齐下，为在乐器方面有专长的学生搭建展示的平台。通过学校、个人、家庭三方面的通力合作，该课程为学生持续学习注入动力和源泉，实现"慧小人人会乐器"的目标。

3. 涂鸦创意课程

涂鸦创意课程鼓励学生大胆表达，减少教师的限制和规定。在学习过程中，学生的创新意识和绘画技能得到锻炼，绘画习惯得以养成，收获自由表达的乐趣和快感，完成自己满意的作品。与此同时，艺术游戏让学生去感受、去思考、去想象，并通过表达自己的感受来提高思维能力。此课程针对低年级学生设计开发，由形状线条、创意组合、动物世界、植物天地、人物肖像几个板块构成。课程尊重学生的主体性和自主性，学生在绘画中情绪得到宣泄和释放，作品创作新奇而大胆。学生自信心得到增强，成功感得到展现。

4. 小小传承者课程

优秀的传统文化是一个民族永恒的财富，积极弘扬祖国优秀传统文化是每个中国人义不容辞的责任。对优秀传统文化的学习，要从小抓起，培养学生传承优秀传统文化的意识。基于此，学校设计调查问卷对全校

学生进行调研，广泛了解学生的真实意愿和需求，设计开发了以皮影戏、面塑、剪纸等为特色的小小传承者课程。该课程通过分年级、分主题的专项学习，帮助学生逐步掌握绘制方法，在实践、分享、交流、展示的过程中，增强学生的民族自豪感、对优秀传统文化的喜爱之情以及传承文化的使命感。

5. 中国篆刻课程

中国篆刻是华夏文明培育出的特有艺术形式，虽方寸之间，却大有天地。2009 年，中国篆刻被联合国教科文组织列入《人类非物质文化遗产代表作名录》。另外，中国篆刻还蕴藏着政治、手工业、文学、艺术等方面的丰富信息，承载着厚重的历史文化价值。基于此，学校在四年级开设中国篆刻课程。该课程通过篆刻文化、篆刻技法两方面实施，在讲授、欣赏、实践的过程中，引导学生体会中华民族传统的审美习惯，并感受古代先民对大自然的巧思善用。

6. 我是大明星课程

戏剧是一门综合艺术，它将文学、表演、音乐等多种艺术形式融合在一起。作为美育内容之一，戏剧可以直观地表达感觉和观念，增强个人的沟通能力、合作能力和独立思考能力。基于此，学校通过我是大明星课程的研发，以戏剧形体游戏和戏剧绘本表演两种形式助推学生深入、系统地了解戏剧、爱上戏剧。每周一次的戏剧社团、每月一次的班级戏剧展演、每学期一次的戏剧嘉年华……都成为学生发现自我、展现自我、表达自我的舞台。

(四)慧美课程的实施

1. 在课堂教学中实施美育

毋庸置疑，课堂生活是学生学校生活的主要组成部分。在学校里，学生大部分时间是在教室里、课堂上度过的。实施美育要依托课堂的时间与空间。对教育者来说，课堂教学本身就有美育的可发掘性，可以在教学内容上进行自然美、社会美、艺术美、科学美的教育。课堂教学中的美育不仅是学科内容的改变，还渗透到课堂教学的方方面面，教学过程体现教师的情感美，教学方式体现教学的方法美。

例如，语文教材中的主要内容是文学作品。基于此，教师可以通过对这些文学作品的朗读、分析和讲解，引导学生欣赏文学艺术的形象美，通过作文教学，培养学生用文学语言创造并描述形象美的能力。在音乐课堂上，教师可以教授学生演唱和欣赏各种歌曲。学生在课堂上不但学习音乐知识还理解了作品中表达的情感，产生了共鸣，提高了欣赏音乐的能力。在美术课中，教师运用校内资源，通过校园景观写生、欣赏和临摹名家名画，让学生在欣赏美术作品的过程中，欣赏和创造视觉艺术的能力得到提高，精神生活得到丰富。由此看来，课堂教学是对学生进行美育的重要途径。

2. 在课外活动中实施美育

如果说课堂教学是美育的"主要阵地"，那么课外活动就是美育的"第二战场"。在课外活动中实施美育，就是要有计划、有步骤、有目的地开展各种美育活动，以校园文化活动为载体提高学生的文化品位，陶冶其情操。同时，学校把活动课程列入课表，开设戏剧、书法、科学、劳技、艺术等活动社团课程，发展学生的个性和特长，形成各项课外活动的审美化方案，进而丰富校园生活，提升学生的审美与创造能力。例如，卵石画、空竹、衍纸、书画、管乐、合唱、戏剧表演等，学校通过这些活动，对学生进行多层次的美育渗透。此外，艺术节、校园活动比赛也是学校实施美育的重要举措。学校通过举办歌咏比赛、叶画比赛、书法比赛、游戏设计比赛，让学生参与艺术活动，或挥毫泼墨，或纵笔作画，

或弹或吹，或歌或舞。在美的活动中，学生陶冶了情操，释放了自我表现的潜能，获得了自我实现。这是学生价值实现的体现，也是学生继续探求的动力。

3. 在校园景观中实施美育

在捷克教育家夸美纽斯看来，学校本身应当是一个快意的场所，校内外看上去都应当富有吸引力。因此，学校利用得天独厚的校园八景——渡英桥、求知亭、悦读廊、暮省园、慧园水、明理石、定慧松、早园竹，营造儒雅恬静、积极向上的文化氛围，起到"润物细无声"的育人效果。

渡英桥长 10 米、宽 4 米，激励师生以英才自励，积极上进，日后成为栋梁。求知亭，石桌古凳，古朴典雅，亭柱上镌刻着励志楹联，暗示学生要探求真知、快乐健康。悦读廊提供阅读场地，让学生在这古色古香的长廊中留下书的墨香，留下童年美好的回忆，点亮智慧人生。暮省园提醒学生要勤于反思和内省，脚踏实地地前行。慧园水出自"源清流洁，本盛末荣"，教育学生唯有源头活水才能保持生命朝气。同时，流动的水也会使人想到"绳锯木断，水滴石穿"的哲理。六块明理石别具特色，昭示全体师生坚毅质朴、勇往直前。定慧松象征坚贞不屈、刚正不阿。早园竹昭示师生要像竹子那样做虚心进取、高风亮节的人。

4. 在文化熏染中实施美育

环境孕育希望，理念放飞未来。校园文化是一幅主体的画、一首无声的诗，是一所学校的灵魂和筋骨。校园文化"寓教于美"，将"教育立美"落到实处。本着"以人为本，文化立校"的创想，学校把教育和知识进行转化，不断构建具有文化气息的品质校园。慧园中，每块石头"会说话"，每棵花草"能开口"。正所谓"一花一草藏世界，一言一行见精神"，校园中洋溢的文墨之香会飘满访客的心海，校园中浸润的文化气息会带你徜徉经典的殿堂。"文化立校"真正实现了"让每一面墙壁蕴含文化，让每一个细节诉说教育"的美好愿景。

玲珑精致的慧园中有桃树、杏树等百余种果树，"春有百花处处香，秋有硕果累累行"。在"慧心乐行，幸福人生"理念的指引下，学校的文化布置与"天然""规律""树木"紧密联系，彼此呼应协调，相得益彰。学校巧妙利用各种空间，浸润熏染学生的心灵，陶冶学生的情操。

定德、慧智、慧美是定慧里小学三座红色教学楼的名字。前两座楼的名称第一个字连接起来即"定慧"二字，第二个字连接起来为"德智"二字，代表着学校致力于培养德才兼备的人。学校不仅以此提醒全校学生要努力进取，开拓创新，成为品德优秀、综合发展的祖国栋梁，也在时刻鞭策全体教师要以一颗爱岗爱生的敬业之心，以精湛的教学技能在课堂上引领、促进学生的发展。慧美是师生的共同追求，师生将携手共进，教学相长，演绎精彩，共创慧心乐行的幸福人生。

二、慧美课程的实践案例 >>>>>>>

开展多样化的活动让音乐浸润学生的心灵

音乐课程教师刘颖

在深化教育改革、全面推进素质教育、实现教育持续健康发展的背景下，音乐教学活动始终以社会主义核心价值观为导向，为培养学生良好的审美情趣和人文素养发挥重要作用。

音乐教育要求培养学生对音乐表现的感知力，在此基础上丰富、发展学生对音乐艺术的体验，提高他们的音乐审美能力，其培养和教育的形式非常丰富、多元。但传统的音乐教学将学生置于一种被动地位，使

他们成为存储知识的容器，极大地限制了学生的想象力和创造力。

兴趣是最好的老师。学生对某种事物产生兴趣时，就会产生强烈的求知欲。学校贴合教材和课程标准，在音乐课堂中融合相关内容，创建多种类的教学主题，从而展现音乐课堂教学的活力，提高学生的音乐素质。基于此，学校始终倡导展现学生个性、发展学生特长，为学生搭建展示自我的平台。学校每天早晨坚持开展"我慧我秀"音乐活动，通过对学生演奏、演唱的展示，增强学生的自信，促进交流，突破学生学习音乐的环境的局限。它可以激发学生学习音乐的动机，同时对提高音乐的理解、表达和创造力起着非常重要的作用。

通过学生的展示，我们发现，学生的艺术特长主要集中在西洋乐器方面，对民族乐器的知识储备并不丰富。因此，我们将民族音乐文化与学校音乐教学的融合策略进行了调整。在课堂中，我们加入民族音乐欣赏与认知，树立传统音乐文化意识。从生活出发，我们为学生创设生活情景，促使学生对生活经验进行搜索和整理，通过向学生展示民族类的劳动、节庆等的图片和视频，使其了解民族音乐文化。同时，呈现多元化的音乐教学课堂分别以小组合作、模仿、自主探究等方式，让学生学会欣赏、演唱民族歌曲，关注生活的多样性。

教师用民乐、西洋乐两种方式演奏儿童歌曲，让学生感受、聆听不同音响效果带来的听觉冲击。我们还采用音画结合的方式为动画伴奏。同时，在教学中，教师鼓励学生自主制作打击乐器。学生利用废旧物品制作了双响筒、皮鼓、铃、沙锤等乐器，在教师的辅助下，充分利用各种乐器的音色、特点，编配不同的节奏，师生合作创作完整的作品。

此外，校合唱团积极组织开展学生演唱、律动多重结合的音乐活动。我们通过听觉训练的技巧，练习音阶、音程、和弦以及不同的节奏，带领学生尝试多声部和声练习。开展的空中音乐会活动，得到家长、学生的认可与支持，受到校领导的赞扬。管乐社团自成立以来，通过对专业器乐合奏曲的练习、技术技巧的处理，以及行进队列的训练，取得了优异的成绩，曾获 WGI 中美邀请赛和"津宝杯"国际赛金奖。

作为音乐教师，我会不断探索适合学生发展的课程领域，让他们在音乐学习中获得美的享受和身心的愉悦，为他们幸福快乐地成长助力。

三、慧美课程的反思评价 >>>>>>>

美育是诉诸人的情感的活动。蔡元培先生说："美学观念，以具体者济之，使吾人意识中，有宁静之人生观。而不至疲于奔命，是谓美学观念唯一之价值。"[①]这段话从情感上为美育课程指明了落脚点和依据，就是要摒弃简单无谓的说教，注重情感的培养。基于此，学校慧美课程注重尊重学生的主体地位，通过多样化、体系化、序列化的课程开发关注学生的情感表达，完善学生的人格，帮助学生了解自我、追问自我并与自我对话。在多彩的课程活动中，学生提高了学习兴趣，陶冶了情操，产生了高尚的精神、健全的人格。学校组织学生先后参加各级各类比赛，学生戏剧社团获海淀区一等奖，"慧悦"行进管乐团获得北京市中小学生艺术节行进管乐银奖、2019 年 WGI 中美国际邀请赛金奖第一名、2019年海淀区学生艺术节器乐合奏群舞展演"小牧马人"银奖，行进管乐节目《月夜花火》荣获第二十一届学生艺术节银奖。此外，学校多次组织学生参与海淀区中小学生艺术节，多人次获得软笔和硬笔书法比赛一等奖的好成绩。

① 刘纲纪、吴樾：《美学述林》第 1 辑，90 页，武汉，武汉大学出版社，1983。

一、慧劳课程的体系构建 >>>>>>>

(一)慧劳课程的建设依据

1. 政策要求

习近平总书记在全国教育大会上强调："要在学生中弘扬劳动精神，教育引导学生崇尚劳动、尊重劳动，懂得劳动最光荣、劳动最崇高、劳动最伟大、劳动最美丽的道理，长大后能够辛勤劳动、诚实劳动、创造性劳动。"[①]习近平总书记为新时期中小学劳动教育指明了方向，提出了"培养德智体美劳全面发展的社会主义建设者和接班人"的目标和要求。

教育的本质在于立德树人，需要回答"培养什么人""怎样培养人""为谁培养人"的问题。如果说"怎样培养人"强调的是手段，"培养什么人"和"为谁培养人"就决定了教育的价值属性和目的所在。习近平总书记指出："培养什么人，是教育的首要问题。我国是中国共产党领导的社会主义国家，这就决定了我们的教育必须把培养社会主义建设者和接班人作为根本任务，培养一代又一代拥护中国共产党领导和我国社会主义制度、立志为中国特色社会主义奋斗终身的有用人才。这是教育工作的根本任务，

---

① 吴晶、胡浩：《习近平：坚持中国特色社会主义教育发展道路 培养德智体美劳全面发展的社会主义建设者和接班人》，http://www.moe.gov.cn/jyb_xwfb/s6052/moe_838/201809/t20180910_348145.html。引用日期：2021-04-27。

也是教育现代化的方向目标。"①社会主义建设者和接班人有其质的规定性，而这体现在教育方针上。

1949 年至今，我国教育方针在教育实践中不断发展。中华人民共和国成立初期，"爱劳动"就是党和国家倡导的"五爱公德"中的一种，之后，我国提出"教育与生产劳动相结合"的教育方针。从 1957 年毛泽东在《关于正确处理人民内部矛盾的问题》中提出的"德智体"三育说，到 20 世纪 80 年代教育部文件中出现的"德智体美劳全面发展"的表述，再到 1999 年 6 月《中共中央国务院关于深化教育改革，全面推进素质教育的决定》中的"德智体美"四育说，又到 2018 年 9 月习近平总书记在全国教育大会上提出的"德智体美劳"五育说，强调了劳动教育所具有的修德、益智、健体、育美的综合育人价值，以及在培育时代新人方面具有其他四育所不可替代的独特作用。可以说，"德智体美劳"五育说是新时代我国教育方针的最新表达和规定。

2. 学生成长的需求

2015 年，教育部联合共青团中央、全国少工委印发的《关于加强中小学劳动教育的意见》指出，通过劳动教育，提高广大中小学生的劳动素养，促进他们形成良好的劳动习惯和积极的劳动态度，使他们明白"生活靠劳动创造，人生也靠劳动创造"的道理，培养他们勤奋学习、自觉劳动、勇于创造的精神，为他们终身发展和人生幸福奠定基础。关于劳动教育与诸育的关系，在其中有这样精辟的论述："以劳树德、以劳增智、以劳强体、以劳育美。"

劳动教育对德育有重要的促进作用，前者有利于培养学生良好的道

---

① 吴晶、胡浩：《习近平：坚持中国特色社会主义教育发展道路 培养德智体美劳全面发展的社会主义建设者和接班人》，http://www. moe. gov. cn/jyb_xwfb/s6052/moe_838/201809/t20180910_348145. html。引用日期：2021-04-27。

德品质。学生思想品德的形成是复杂的内化过程，需要通过长期的道德教育和劳动实践来完成。小学是学生初步形成正确道德信念及良好品行的重要时期，对其进行劳动教育，不仅能培养他们独立自主、勤劳俭朴、艰苦奋斗的品行，还能让他们感悟到生活的真谛，体会到劳动的幸福。

实施劳动教育可以使学生掌握基础知识，发展智慧。劳动教育有利于促进学生智力的发展。"心灵手巧"这个成语形容人不仅脑子灵光，而且手也很灵巧。劳动是手、脑结合并用的活动。通过动手劳动，大脑皮质得到充分运动和开发，从而使大脑得到强化发展。[1]

此外，劳动本身还有着独特的智育价值，能激发学生的创造性。学生通过自己动手和动脑用恰当的方法解决生活中的问题，这就是创造的过程。在这个过程中，学生手脑并用，理论与实践结合，智力得到发展。劳动能激发学生的创造力，培养其积极思维的兴趣，促进智力的发展。

(二)慧劳课程的规划

1. 慧劳课程设置的原则

遵循教育部印发的《大中小学劳动教育指导纲要(试行)》文件精神，定慧里小学将文件要求与学校劳动课程的实际教学相结合，把"儿童生活"放在首位(劳动的意义不仅是教育意志的体现，更是儿童自身成长、发展的过程与需要)，将儿童性、学习性和生活性贯穿整个劳动实践的过程。

2. 构建慧劳课程的目标

劳动是人类最基本、最重要的社会实践，是人类社会生存和发展的根本前提。慧劳课程的首要目标是培养学生尊重劳动的观念；其次是培

---

[1] 秦虹、张武升：《劳动教育的功能新探》，载《中国德育》，2015(16)。

养学生热爱劳动的观念；再次是引导学生脚踏实地从事劳动、辛勤劳动、诚实劳动、创造性劳动；最后是引导学生幸福劳动。这四个方面，尊重劳动是基础，热爱劳动是重点，辛勤劳动是关键，幸福劳动是最高的价值追求。

3. 慧劳课程的设置体系

基于课程目标以及对劳动教育的深刻认识，结合学生核心素养，学校进行了"达人系列"慧劳课程体系构建，分别从四个领域、十二个方面丰富和完善课程，实现学生在食育、技能、种植、生活四个方面的学习和收获（如图 3-5 所示）。

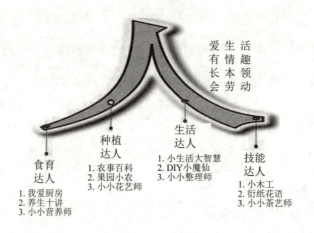

爱 生 活
有 情 趣
长 本 领
会 劳 动

种植
达人
1. 农事百科
2. 果园小农
3. 小小花艺师

生活
达人
1. 小生活大智慧
2. DIY小魔仙
3. 小小整理师

食育
达人
1. 我爱厨房
2. 养生十讲
3. 小小营养师

技能
达人
1. 小木工
2. 衍纸花语
3. 小小茶艺师

图 3-5　慧劳课程体系图

食育达人侧重培养学生对食物的热爱，其中既包含生命、自然、感恩等人类通识文化，又包含平衡、饮食习惯这样具体的生活文化，引导学生养成营养平衡、饮食规律、细嚼慢咽的饮食习惯，培养他们对厨艺的热爱之情，并使其掌握基本的厨艺技能。技能达人从学生兴趣十足的木工、衍纸、茶艺方面着手，引导学生在参与实践中发展个性特长。种植达人从农事服务着眼，结合学校得天独厚的校园环境和植被为学生开

辟研究的天地。校园内有果树几十种，设有农作物专门区域、菜地区域若干。对于城市的孩子来说，这就有了深入了解和观察实践的机会。生活达人是从学生自理能力不强、在家庭生活中参与感不强等问题出发设计的利于提高学生幸福生活指数的实践类课程。

(三)慧劳课程的开发

1. 我爱厨房课程

厨艺是技术，更是艺术和文化。它在人类生活中扮演着满足人类饮食需求的角色。它在提供色、香、味、形兼具的饮食保障的同时还能创造、发展饮食文化，推进人类文明的建设。基于此，学校通过开设烹饪课，培养学生对厨艺的热爱，使其了解厨房的安全知识、中西餐的用餐文化和礼仪，明确厨具的功能并能正确使用。通过学习和实践，学生掌握基本的做饭、做菜、做小食的技巧，激发对厨艺的喜爱，形成厨艺技能。在这一过程中，教育学生学会体恤家人、心存感恩，懂得美好生活来之不易，进而热爱劳动、享受劳动，为其适应未来生活、过幸福的人生打下基础。

2. 小小营养师课程

"营养"一词含义丰富。简单来说，"营"为营造、选择、创造之意，"养"乃养生、保持健康长寿之意。二者合并，即为了确保身体康健，摄取身体所需的营养成分。基于此，学校在厨艺课的基础上，从当前流行的"营养师"入手，引导学生从小了解膳食宝塔与营养搭配之间的关系，明确科学搭配的意义和价值并学会科学搭配，养成从小注重科学饮食、健康饮食、营养饮食的习惯。

3. 小木工课程

一块木头、一张砂纸、一堆刨花……利用它们就能创造出一个精妙绝伦的木工世界。小木工课程涉及形状、大小、对比度、比较、空间关系等数学和力学等知识，能够培养学生的耐心、专注力、创造力以及想象力。小木工课程擅于捕捉学生的注意力，带领他们创造有趣和令人兴奋的作品。该课程的学习使学生获得了沉静的力量，成为独立的思考者，建立了自信自尊。学生在此过程中掌握了一系列的实用技能，富有挑战精神。同时，该课程在实践中将"匠人精神"发扬光大。

4. 衍纸花语课程

英国教育家雷迪曾指出："我们的目的是造就人类一切能力的圆满发展，儿童要变成一个完人，使他能成就一切生活的目的……我们要训练儿童的能力、智力和体力，以及手工的技巧与敏捷。"[1]基于此，学校开发了衍纸花语课程。衍纸艺术是集绘画艺术、雕塑艺术、色彩艺术于一身的综合性艺术。该课程旨在让学生通过学习，了解多元化的艺术表现形式，拓宽眼界，丰富劳动体验的形式，同时锻炼动手实践能力，提升专注力。

5. 果园小农课程

学校以独特的自然环境为依托，打造具有田园风格的绿色校园。学校以"处处能实践的生活教育"为课程理念，强调"丰富经历，真实实践，自主探究，激荡思维"的学习方式，构建了符合学生成长规律的田园特色课程——果园小农。从 2015 年下半年开始，学校逐步将操场周边的废弃用地改造成"希望的田野"，开辟了 8 块班级种植地、科学实验种植地和教师种植地。它们是班级综合实践成果展示、劳动工具管理、传统农具展示、学生种植小憩之地。绿地、种植园、小木屋、楼廊，为学校的田园综合实践特色课程提供了良好的物质条件，让学生有了一间可以自由

———————————
① 王天一等：《外国教育史》下册，223～224 页，北京，北京师范大学出版社，1985。

呼吸、生动成长的"自然教室"。同时，学校将国家课程校本化，将每周 2 节的综合实践课变成田园种植课，为田园综合实践特色课程提供充足的时间保障。

6. 小小整理师课程

很多家长为了不耽误孩子的学习时间，加快孩子科学知识的积累速度，习惯性地包揽了本该由孩子做的事情，从而使其缺少整理、收拾等生活技能的培养。小小整理师课程的开展很好地弥补了学生在生活实践上的缺失。学生在课堂上学习有关整理的知识并进行动手实践。在此过程中，学生培养了有序思考以及动手操作能力。经过消化迁移，学生能够富有创造性地将这种整理思想应用于生活各个方面，提高自主整理能力，培养创造性思维。

(四)慧劳课程的实施

1. 观念认同与全员支持，营造尊重劳动的校园风尚

要想顺利地对中小学生开展劳动教育，必须在全校范围内营造尊重劳动的校园风气。学校杜绝把劳动作为惩罚手段或娱乐工具的错误行为，而是通过红领巾广播、班会专栏、辩论赛、班级家务能手等活动，大力弘扬中华民族勤劳勇敢、自强不息的传统美德，在践行中为学生讲述劳动的起源及意义。除了学校教育，各科教师和班主任还将教育的范围延伸到了家庭——引导家长改变溺爱孩子的行为，在以身作则的导向下放手让孩子去体验，使他们形成自食其力、独立自主的观念。在此基础上，敦促家长改变唯成绩至上的观念，充分挖掘劳动教育对孩子发展的价值，使他们在手脑并用中成长为身心全面发展的个体。此外，社会、家庭、学校发挥合力作用，通过特殊节日劳动献礼、劳动月来袭、我们来行动、劳动节等契机，宣传劳动的价值，形

成符合时代发展的价值导向。

2. 丰富劳动教育的形式，增加劳动实践的机会

劳动教育不同于其他类型的教育，劳动的特殊性强调了劳动教育中实践的重要意义。在实际教学中，学校不断丰富劳动教育的形式，为学生提供了各种各样的实践机会。首先，学校根据学生的年龄、个性特征和兴趣差异，在不同年级开设类型不一的相关劳动课程，如园艺、烹饪、机械制造等课程；学校还积极开展各种校内活动，如校园的绿化服务、劳动小能手评选活动等。其次，注重因地制宜，建立校外劳动教育基地。例如，学校与社区联合成立的学农教育基地取得了明显的教育成效。除此之外，学校还依托校外社会实践，借助社会文化资源，开发与学生特长相结合的智慧型劳动，如宣传员、小导游等。在此过程中，学校将家长纳入课程实施过程，引导家长改变为孩子包办一切的行为，鼓励孩子自己的事自己做，给他们提供劳动实践的机会。小到个人卫生，大到家庭卫生的整理，让学生在切身体验的过程中，享受劳动的乐趣，感悟劳动的精神。

二、慧劳课程的实践案例 >>>>>>>

我是小小整理师

慧劳课程教师杨倩倩

在我们的身边，有这样一群家长，他们认为"学习是孩子当下的第一要务"。为了让孩子把心思都用在学习上，这些家长大包大揽，不让孩子做一丁点家务，忽视孩子生活技能的培养，导致很多孩子在生活上过分依赖父母，独立生活的能力较差。

当脱离父母，进入小学后，很多孩子自理能力弱的问题马上就凸显出来了。以收拾书包为例，很多孩子在码放自己的学习用品时，毫无顺序可言。大书小书混放，跳绳耷拉在书包外面，这些现象比比皆是。有的孩子为了找书，将书包里的东西全部翻出来，桌上、地上到处都是学习用品；还有的孩子手里攥着一堆笔，噼里啪啦地往下掉……见到如此"壮观"的景象，我意识到，提升自理能力对他们而言实在太重要了。

通过阅读相关书籍，我了解到，在孩子的成长过程中，劳动技能的养成与其动手能力、认知能力以及责任感的培养有着密不可分的关系。整理是一项基本的劳动技能。孩子从小养成整理习惯，能够使他们做事有秩序、有条理性。与此同时，整理能力不仅体现在有效整理自身物品中，还体现在学生能够合理规划人生、独立自主生活等方面。可以说，劳动技能贯穿一个人的一生。此外，掌握必要的劳动技能对孩子的心理发展也能产生积极的影响，他们在整理实践中能够体会到创造"新我"的快乐与意义。基于此，我精心设计并开展了班级整理实践活动。

我把教给学生整理书包作为活动的切入点，首先带领学生一起阅读《把东西放回原处》《全都收拾整齐》等与养成良好整理习惯相关的绘本故事。阅读绘本故事激发了学生对整理的兴趣，让他们初步了解整理的必要性。其次，为了引导学生学会有序分类整理，我设计了"给学习用具找家"的整理游戏。学生在游戏中学会了整理，体会到整理的乐趣。最后，为了培养学生主动整理的意识以及动手操作的能力，我每周开展"我是整理小达人"评选活动。在这个活动中，学生逐步感受到强烈的责任感和成就感。

一段时间之后，我发现，学生在整理书包方面有了明显的进步。他们收拾书包的速度更快了，书包里物品码放得更加整齐了，教室桌面和地面上见不到他们凌乱的学习用具了。除此之外，通过这段时间的培养，学生的卫生习惯明显好转，养成了爱护班级卫生环境的意识，班级荣誉感也明显增强。

习近平总书记在全国教育大会上强调，要坚持中国特色社会主义教育发展道路，培养德智体美劳全面发展的社会主义建设者和接班人。掌握劳动技能对学生来说非常重要。整理书包教学活动很好地培养了学生的责任感。这也使我意识到，培养劳动技能不只提升了学生的动手能力，对他们的身心发展也有诸多好处。作为教育者，我要做的不只是教授知识，更应该将学生培养成具备独立生活能力的人！

三、慧劳课程的反思评价 >>>>>>>

慧劳课程受到了学生的喜欢、家长的认可，赢得了上级教育部门的称赞。慧劳课程让学生走进自然，了解自然；走进厨房，爱上美食；走进生活，学会自理，更学习自立。课程实践至今，学生进行了多项劳动实践：缝扣子、整理书包、收花生、割麦子、做糖饼、炒山楂……多样的实践体验丰富了学生的认知，锻炼了学生的动手能力，使他们感受到了劳动的乐趣和意义。实践中，作为开发者的教师有了新的思考：首先，应当提高教师、家长和学生的认知水平，深刻把握当代劳动教育的内涵意蕴、本质特征和价值意义；其次，应该联合家庭、学校、社会三方充分重视劳动教育，形成教育合力，努力探索更多小学阶段劳动教育的实施路径；最后，应该以认知为纽带，打开新时代小学劳动教育的培养之路，力求让小学生顺应时代发展的潮流，具备更强的综合竞争力。

第四章 课堂转型：拉动课程内部变革

　　21 世纪是知识经济的时代，科学技术的迅猛发展、信息更新速度的加快和社会的急剧变化，都对学校教育的人才培养规格提出了新的要求。人才的培养关键在教育，教育必须满足各领域对人才的需求，也必须为人们的终身学习和适应迅速变化的社会奠定基础。

　　2016 年，中国学生发展核心素养发布，它以培养"全面发展的人"为核心，充分反映新时期经济社会发展对人才培养的新要求，高度重视中华优秀传统文化的传承与发展，系统落实社会主义核心价值观。[1] 作为教育者，我们需要把准时代的脉搏，明确未来社会到底需要什么样的人才。核心素养不仅是课程教学、评价理念和方法变革的风向标，更是课程改革关注的一个热点。学生核心素养的形成，依靠现有的教育及学习方式是远远不够的。

---

　　[1] 核心素养研究课题组：《中国学生发展核心素养》，载《中国教育学刊》，2016(10)。

一、全时空阅读教学的缘起 >>>>>>>

读书对于个体的精神发育和民族的精神成长具有非常重要的意义。在一定意义上说，一个人的精神发育史，就是一个人的阅读史，而一个民族的精神发育水平，在很大程度上取决于这个民族的阅读状况。[①]

随着科技发展，尽管信息呈现的载体多种多样，但文字阅读所具有的个人性、选择性、想象性等特点是无法被取代的。阅读的意义是去发现文字中蕴含的思想、价值和真理，增长我们的智慧，增加我们生命的宽度和厚度，进而更充分地体验人生之美。

阅读是一切学习的基础。研究表明，学生的阅读能力与未来的学习有着密切的联系，阅读决定学生未来发展的高度。阅读能够促进思维的发展，深度阅读能够引发学生的问题意识。这种问题意识会激发学生的求异思维和创造思维。

事物发展是要遵循规律的，教育也是如此。人在 14 岁以前的阅读体验，对其成长是至关重要的。成人以后，是用孩提时代所获得的东西为根基，继续去构建内心的成人世界。[②]

定慧里小学多年来坚持以学生发展需求为中心，全学科、大容量、多渠道地引导师生参加阅读活动，并以此为突破口创设特色文化，培

慧心课程——指向学生核心素养的校本创意与深度实施

---

① 朱永新：《营造书香校园 重塑书香民族》，载《新世纪图书馆》，2004(6)。
② 樊未晨、李洁宣：《朱永新：阅读的关键期在 14 岁之前》，载《基础教育论坛》，2013(35)。

养学生的阅读习惯和阅读兴趣，提升阅读能力，以"全阅读"营造校园大文化，促进学校内涵发展。

二、全时空阅读教学的实践 >>>>>>>

(一)书香氛围的营造

苏霍姆林斯基曾说：一所学校可以缺少很多东西，也可以在许多方面都很简陋贫乏，但只要有书，有能为师生经常敞开世界之窗的书，那么，这就足以称得上是学校了。

1. 校园八景——诗意的阅读环境涵养学生的文化底蕴

让学生感受到阅读的快乐，才能让学生真正地爱上阅读。学校致力于书香氛围的营造，在创建优美环境的同时，关注厚重的文化底蕴，秉承"景景皆思悟、处处皆育人"的原则，凸显书香墨香氛围。曲折的悦读廊，尽显浓郁书香；古朴典雅的暮省园，充满人生哲理。校园中明理石、石板路别具特色，代表的人文精神陪伴每位师生共同成长。

2. 阅读教室——丰富的阅读资源激发学生的阅读兴趣

除了构建优雅的阅读环境，学校按照兴趣性、自主性、选择性、层次性原则，在书籍的数量和种类上给学生的阅读提供充足的保障。为了满足学生随时随地阅读的需求，各班配书 150 余本，每人每学年还配有 4 本必读书，便于师生共读共讲、共评共议。书籍之充足、种类之丰富、书目之众多为学生阅读提供了保障。师生在书籍的海洋里自由遨游，爱不释手。

3. 森林书吧——分类的图书满足不同学生的阅读需求

学校环境幽静典雅，阅读环境的创设也应趋向自然，朝着舒适、富有情趣的方向发展。本着这样的理念，学校创建了"森林书吧"图书馆。

森林书吧由六间不同类型的主题阅读室组成。三省书屋是教师阅览室，专供教师课余时间阅读休闲、自我提升使用；梦溪园是社会科技类图书的聚集地；以唐代著名诗人王维的一首古诗的名字命名的竹里馆，珍藏了各类文学历史书籍；绘本馆里铺满了厚厚的瑜伽垫，让一、二年级的学生席地而坐，随意阅读；布克坊里，英文小说、绘本、点读材料应有尽有；益智坊内，摆满了各种有趣的数学益智游戏。

整个书吧拥有宽敞明亮的环境、高低错落的绿植、色彩缤纷的地垫，形成了温馨舒适的阅读氛围。专题阅读区域的设立，既方便了不同阅读兴趣的学生，也有利于学生开展专题阅读研究。

(二)阅读习惯的培养

1. 晨读、午读保障阅读时间

晨读、午读不是简单的阅读活动，而是学校的制度。入座即读是学生早上进班的第一件事，他们已经养成了自觉阅读的习惯。每天中午，小饭桌值班老师会拿出自己要看的书和学生一起阅读，或者在教室中巡视检查，对学生的阅读情况进行检查或了解。

经过长时间观察发现，学生的阅读有"真读书"和"假读书"之分。随着时间的推移，"真读书"的学生思维越来越深刻、语言表达越来越流畅，使用的词语也越来越丰富。"假读书"的学生的阅读水平并没有得到提高，他们因阅读的书籍内容单一、浅显等原因，思维水平和语言表达并没有得到显著提高。因此，教师利用晨读、午读时间，对学生的真假阅读进行辨认，必要时给予适当干预和指导。

2. 亲子共读延续阅读空间

家长是孩子的榜样，家长的陪伴对孩子的成长是必不可少的，亲子

慧心课程——指向学生核心素养的校本创意与深度实施

共读可以有效提升孩子的阅读兴趣。对于还没有养成阅读习惯的学生，学校鼓励家长陪读。家长坐在孩子的旁边和孩子一起阅读同一本书，或坐在旁边阅读书报。晚饭后，家人们围在书桌旁，人手一卷，这种祥和的读书氛围，会成为孩子一生宝贵的回忆。

3. "一二三"形成保障体系

评价是阅读教学的重要组成部分，具有反馈、调控的作用。定慧里小学制定出"一二三"阅读评价体系，统计阅读量，监控阅读时间、习惯、质量，确保学生形成良好的阅读习惯和能力。

"一对一"，即教师与家长的一对一交流。在低年级学生还没有养成良好的阅读习惯之前，教师保持与家长的联系，及时了解学生阅读习惯是否养成，阅读的书籍是否需要调整。在这样的密切沟通中，教师对学生的阅读水平越来越清楚，家长对孩子阅读的情况越来越关注。

在与家长沟通交流时，教师会进行记录和整理，根据学生的阅读表现进行分层指导，督促他们认真阅读。开学后，教师还会对没有阅读基础的学生进行跟进指导。

"两张卡"，即每月的"阅读打卡"与每学期的"读书记录卡"。家长配合教师记录学生每天的阅读情况，每月上交"阅读打卡"；每学期末，学生还会将本学期读书情况进行整理总结，记录在"读书记录卡"上。打卡纸上记录着阅读的书目、阅读的时长、阅读的页数以及阅读的日期四类信息，可以有效反映学生在家里以及在学校阅读的情况。阅读打卡便于教师了解、评估学生的阅读情况，为进行下一步的指导提供数据支持。两张卡的记录，使教师、家长对学生的阅读情况与阅读水平更加清晰明确，也使学生的读书兴趣持续得到激发，建立了家校融通机制。

"三支笔"。不动笔墨不读书。养成边读书边批注的习惯，不仅可以帮助学生深入阅读，还会为习作打下良好基础。在实践过程中，学校教师逐步探索出"三支笔做批注"法，通过用不同颜色笔做三次批注，能够根据本班学生阅读水平，进行有效的分层指导。需要强调的是，每个学生的阅读能力不同，教师可以根据他们的阅读情况，灵活调整阅读的遍数，目的是养成深入阅读的习惯。

(三)阅读课程的探究

以培养学生的阅读习惯和阅读能力为出发点，学校根据自身的特点，开发出一系列阅读校本课程。阅读校本课程的开发与实施，旨在激发学生的阅读兴趣，使其掌握基本的阅读方法，培养终身阅读的习惯。同时，让学生在交流碰撞的过程中，多层次、多角度地与文本对话，汲取古今中外优秀文化的营养，提高文化素质和人文素养。

1. 指导不同阶段的阅读

在整本书阅读课程的开发过程中，学校确定了每个年级的必读书目，形成了三种课型：阅读启蒙课、好书推介课、名著交流课。阅读启蒙课以低年级学生为主，沿着"创设情境—想象猜测—试读文章—体验成功—产生兴趣"的教学路径走向让学生爱上阅读。好书推介课强调教师对学生的有效指导。教师借助形象思维和富有激励性、吸引性的活动去调动学生的主动性，使他们变被动阅读为主动阅读。名著交流课则为学生提供了展示阅读成果的平台和同伴间互相学习的机会，引导学生在阅读中积累，提高表达能力。

例如，学校结合一、二年级学生的年龄特点，开展了数学绘本阅读的相关活动。教师利用精美的图画和有趣的故事将抽象的数学原理展现在学生面前，让知识学习不再枯燥。教师通过给学生讲述数学绘本故事，引导他们阅读数学故事。阅读后融入自己的理解，学生会对书中的数学故事理解得更加透彻。在此过程中，教师还进一步引导学生去创编属于

自己的绘本故事。这样的绘本阅读不仅能激发学生的学习兴趣，还能让学生感到数学是有趣的、好玩的，从而更加喜欢数学，喜欢自主探究数学。

数学绘本阅读教学案例

环节一：精选绘本，寻找最佳结合点。

①选择图文内容对低年级学生有吸引力的绘本。通常，画面色彩鲜艳、内容精彩有趣的绘本，更能吸引学生。

②选择数学内容正确、清晰的绘本。只有提供正确、清晰的数学内容，学生的理解才不会出现偏差。

③选择内容符合低年级学生认知水平的绘本。学生在这个年龄段识字量不多，面对大段文字、内容难以理解的绘本，主动学习的意愿会下降。因此，教师只有选择合适的绘本，才能提升学生数学学习的效果。

环节二：探索策略，寻找最佳途径。

①教师示范讲读数学绘本，并运用现代科技手段录制视频。绘本阅读的主要目标是挖掘和传递知识，因此，教师应先深入解读数学绘本的内在情感因素与数学知识的紧密联系，才可能在数学绘本阅读中与学生碰撞出知识的火花。

②学生讲读数学绘本。在教师示范讲读的基础上，学生模仿教师分享自己读过的绘本故事，发现并提取绘本中蕴藏的数学知识，尝试运用现代科技手段录制视频。

③依据数学学习的进度，组织学生开展续写绘本的活动，让学生在活动中复习学习过的知识。

④数学实践，遵循学生爱涂、爱画、爱模仿、想象力丰富的特性，

鼓励学生学画绘本，创造自己的绘本。

⑤学生在教师的指导下进行"数学绘本剧"排练。学生通过角色扮演理解并体会故事情境中的数学问题，加强对数学本质的理解，从而促进综合素养的提升。

环节三：有效评价，助力绘本阅读。

为了记录学生的成长轨迹，学校建立了学生数学阅读档案。档案中记录了学生每个阶段的学习成果，真正实现过程性学习和发展性评价。一个学期结束时，教师根据学生档案进行星级评定，评选出"数学最佳阅读者""数学最佳讲述者""绘本最佳创编者"。

通过这样的活动，教师可以充分挖掘数学绘本阅读中生活与数学的联系，并将其有效地运用到数学的课堂教学中。通过教师的引领，学生学会了数学绘本阅读，并在数学绘本阅读中发现和解决了一些数学问题，培养了阅读意识。同时，该活动大大促动数学教师自觉走进数学绘本阅读，重视绘本阅读，关注绘本阅读给学生数学学习带来的影响和改变，促进了师生之间的沟通与交流(见表4-1至表4-3)。

表4-1　定慧里小学低年级师生读绘本录制统计表

序号	年级	指导教师	绘本	对应教材内容
1	一	王芳	鼓鼓和蛋蛋的梦想	10的分解与组成
2	一	王芳	蜘蛛和糖果店	统计与概率
3	一	王芳	奶奶的红裙子	部分和整体
4	一	王芳	小熊一家和吵吵闹闹的怪物们	复合分类
5	一	王芳 柴蕊	吃了魔法药的哈哈阿姨	图形(主要为平面图形)构成
6	二	李玉贤	最棒的蔬菜	测量
7	二	杨倩倩	100磅的难题	100以内加减法
8	二	杨倩倩	我的一天	认识时间

序号	年级	指导教师	绘本	对应教材内容
9	二	杨倩倩	老狐狸成了算命先生(指导学生完成)	100 以内加减法
10	二	李玉贤	熄灯时间到(指导学生完成)	100 以内加减法
11	二	李玉贤	鸟儿鸟儿飞进来(指导学生完成)	乘法口诀
12	二	苗国庆	面包公主三姐妹(指导学生完成)	测量

表 4-2　定慧里小学学生原创绘本作品统计表

序号	年级	作者	绘本	指导教师
1	一	雷江昊	苹果树和萝卜、白菜的故事	陈丽
2	一	李思宁	毛豆豆寻宝记	夏秋娣
3	二	靳欣颜	老狐狸成了算命先生	杨倩倩
4	二	王泊允	"没兴趣"游无算术国	苗国庆
5	二	焦若怡	数学王国奇遇记	苗国庆

表 4-3　定慧里小学学生数学剧作品统计表

序号	年级	作品	指导教师
1	二	0 的烦恼	李玉贤、郭营营
2	二	古人计数	王晓娟、王金子

2. 线上与线下有机结合

混合式学习是在互联网背景下产生的一种学习模式。定慧里小学将混合式学习引入整本书阅读课程教学中，把课堂学习、在线互动融合在一起，形成完整的整本书阅读体验课程。线上阅读打破了空间的制约，线下阅读带来了沉浸式的体验，两者相辅相成。学生通过线上线下相结合的方式，提高阅读效率，拓展阅读的广度，增加阅读的深度，从而达到激发阅读兴趣、培养阅读品质的目的。

（1）数字图书馆补充阅读资源

学校森林书吧中的两台电子阅读器使学生查找资料方便快捷。在这里，学生不但可以阅读纸质书籍，也可以利用电子设备进行线上阅读。在阅读过程中，学生既可以阅读作品原著，也可以了解与作家作品相关的其他信息，还可以将自己的体会、感悟、问题发表在网络上的阅读社区里，随时与大家交流。

（2）从学习阅读到通过阅读学习

学校秉承课堂与课下结合、学校与家庭结合、精读与泛读结合的思路，全面打造英语家校阅读环境。每个班有上百本中英文图书，午读时间教师会布置学生提前选好喜欢的英语图书，进行持续默读（SSR），以获取知识、享受自由阅读的快乐。英语课上，教师通过《典范英语》（*Good English*），在帮助学生理解文本的同时，对文本内容、阅读方法和策略等进行教学指导，培养学生的阅读兴趣、语感以及基本的阅读习惯。回到家中，学生还可以通过"雪地阅读"小程序，获取丰富的原版阅读资源。这种线上线下有效结合的阅读方式，为培养学生持续的阅读习惯和兴趣提供了有力的保障。

（3）"攀登阅读"利用平台诊断评价

学生连续两年使用"攀登阅读"平台进行阅读。这一平台使学校的阅读进入了与信息化深度融合的大数据时代。

"攀登阅读"平台提供了六个等级、共计上万本的书目。学生可以个性化地选取相应等级和种类的书目进行阅读。苏霍姆林斯基曾说，只有让学生体验到快乐的情感，才能学得好。这种阅读选择的自主权，有利于激发学生主动的、持续的、愉快的阅读情绪。

教师可以随时监控和指导学生选书。通过平台的数据分析，教师就可以及时汇总班级学生的选书情况，了解学生的动向，从而把学生最喜欢、最适合和可配合课内阅读教学的书目推送给学生。

科学检测形成读书大数据。只需要进行简单的测验，学生就可以得

到关于自己阅读书籍的测评认证。根据每个学生的喜好和阅读习惯，平台为学生形成个性化阅读分析报告，学生通过报告可以对自己的阅读过程进行全方位的了解。此外，教师可以通过自己的用户端口，掌握班级学生阅读的参与情况、阅读兴趣、阅读进度和阅读能力，从而进行有针对性的指导。

评价是学生阅读的重要组成部分，既可以起到调控学生阅读热情的杠杆作用，又能起到反馈和激励的作用。学校结合数据分析，每个学期进行"阅读达人"和"书香班级"评选活动，极大地调动了学生的阅读兴趣。

3. 融合推进整本书阅读

小学阅读教学要为每个学生找到最适合的、符合他们身心发展规律的阅读素材，同时还要围绕阅读主题，以课堂教学为起点，与学生生活实际相连接，开展以学生为主体的丰富多彩的活动。

（1）多元素综合阅读

利用多媒体技术或实物创设适宜的阅读情境是英语阅读教学的特色。在文字阅读基础上，教师以图片、视频、动画为辅，帮助学生更好地理解课文内容。这种做法能够辅助学生更快、更准确地理解阅读内容，有效激发学生的阅读兴趣。基于此，学校英语组开展英语电影季活动，以此拓宽英语学习渠道，努力提升英语学习效率。

下面以影片《狮子王》为例，简要说明英语电影季的活动步骤。

①欣赏电影内容，理解主题和内涵。《狮子王》这部影片主要讲述了辛巴成长为狮子王的故事。影片开始，刀疤用阴谋诡计害死木法沙，赶走辛巴，自己登上了王位，被驱逐的辛巴在众多热情的朋友的陪伴和帮助下，克服困难，在历练中体验到爱、责任、成长、生命的意义，最终成为荣耀国国王。

②模仿影片人物语言，感受经典台词的魅力。经典台词一般语言精

妙，蕴含着哲理，让学生印象深刻、回味无穷。学生模仿人物语言，既可以激发学习兴趣，也有利于提高听说能力。考虑到原版电影台词对学生有一定挑战性，教师节选了部分台词并向学生展示，然后要求学生模仿配音。

③学习剧本精彩片段。学生可以通过阅读剧本拓宽视野，提高文化素养，促进综合素养的发展。在学习剧本的过程中，教师发现学生的理解能力存在很大的差异，因此，决定采用分层教学方式。第一组学生在教师的带领下，解决阅读中遇到的陌生词汇，减少阅读障碍；第二组学生开展小组合作学习，在合作互助中结合课后题探讨影片内容；第三组学生通过分角色对话加深对影片内容的理解。教师结合剧本阅读情况确定目标，有层次地开展阅读活动，采用分层教学理念制定合理的教学任务，让每位学生都能获取与自身能力相当的教学任务，从而促进他们的发展。

④表演精彩片段，深刻理解角色的特点。影片《狮子王》中的动物活泼可爱、生动有趣，是学生进行角色扮演活动的好材料。教师要求学生在欣赏电影后小组合作，找出最喜欢的片段，选择自己喜欢的角色熟读台词，并模仿角色的语音、语调。在表演过程中，学生可以根据自己对情节的理解适当地加以发挥。这个过程不仅锻炼了学生的表演能力和口头表达能力，而且有利于创新思维的发展，增强了学生的合作意识。

⑤感悟影片精髓，表达自己内心的感受。学生在欣赏电影后，写观后感，对电影内容进行评判，提出自己的想法和思考，以此促进思维品质的提升。

⑥学唱英文歌曲。在欣赏完电影后，教师利用观影余热引领学生学唱主题曲或插曲。这有利于激发学生的学习热情，进一步理解影片的主题。例如，欣赏完电影《狮子王》后，教师可以引导学生学唱插曲《今夜爱

无限》(*Can You Feel the Love Tonight*)。除了学唱电影主题曲和插曲外，教师还可以结合学生兴趣，教授不同风格的英文歌曲，锻炼学生的口语，提高他们学习英语的兴趣。

通过开展英语电影季活动，学生以地道的日常口头交际语言为输入，在语境中既学习了语言知识，又能够了解口语交际的语言特点。除此之外，在这个过程中学生还了解了西方国家的一些文化知识和文化内涵，通过多种文化对比，学会以辩证的眼光看待各种思想。

(2)跨学科综合阅读

三年级教师依据学生身心发展规律，以阅读课程建设为核心，从学生阅读偏好切入，将对学生阅读兴趣的发现和尊重作为指导学生阅读中最重要的原则，组织建构和实施基于阅读兴趣的《故宫里的大怪兽》全学科阅读课程。

该课程围绕"故宫文化"主题展开：语文学科深入阅读，依据文本进行故事创编；数学学科用七巧板拼怪兽；美术学科绘制故宫怪兽，制作故宫模型；科学学科带领学生了解故宫建筑榫卯结构和排水系统；音乐、舞蹈学科带领学生将自己创编的故事编排成音乐剧。学校力求通过这一课程打开学科边界，让学生在阅读的过程中学会思考，学会批判，学会表达。在这一过程中，学生的生活经验和生命体验被不断丰富、不断激发，个体得到真正成长。

系列活动以班级共读为开端，通过讨论交流建立文学世界与儿童世界的联系，以自由创作让学生享受阅读的快乐。同时，在数学、英语、音乐、美术课堂上，学生通过各种形式认识、了解书中那些可爱的大怪兽和它们生活的故宫。系列活动实现了学科融通：以物象、概念、主题、项目、场景、挑战等为抓手，让不同的学科自然融通于学习过程中，激发了学生读书的兴趣，丰富了学习生活。

(四)阅读活动的构建

随着具身认知思想的成熟，具身认知被引入心理学领域，在得到认知神经科学和实验心理学的进一步确证后又开始进入教育学领域。[①] 知识是在认知主体与认知对象、环境之间的互动过程中逐渐建构形成的。"学习的过程是学习者、学习者所处的客观环境以及身体这三者相互联系与作用的过程。"[②]具身认知作为一种全新的认知范式，丰富了教学的内涵意蕴。具身认知理论视野下的教学应体现具身性、动力性、情境性、生成性等特征。[③]

这就需要学生在充满兴趣的阅读中和文本对话，在文本世界中发现美的世界，获得美的享受，领悟美的真意。随着课程的进一步深化，学校将阅读与各学科课程相融合，跨界，统整，开发以阅读课程为引领的基础性课程、拓展性课程、综合性课程体系。借用古代的"君子六艺"——礼、乐、射、御、书、数，学校梳理总结出"慧小君子六艺"，即阅读、诵读、口才、写作、书法、表演。通过学校构建的丰富的阅读活动，学生在跨文化、跨媒介的语文实践中，获取知识，提升能力，陶冶情操，培养习惯，完善人格，开阔视野，发展各自的特长与个性。

1. 一本名著——浸润童年

课外阅读是课内阅读的延伸，要想搞好课外阅读，做好课内阅读非常重要。为了让学生学会阅读，语文组开展了"1＋X"教学实验，即以一篇文本为主，带动多篇文本的阅读，进而拓展课外阅读，培养学生在多

慧心课程——指向学生核心素养的校本创意与深度实施

---

① 宋岭、张华：《具身化课程的核心特征及其故事性建构》，载《课程·教材·教法》，2019 (2)。

② 范琪、高玥：《从离身到具身：身心融合的学习方式与其教育意义蕴含》，载《江苏师范大学学报(哲学社会科学版)》，2018，44(1)。

③ 王会亭：《从"离身"到"具身"：课堂有效教学的"身体"转向》，载《课程·教材·教法》，2015，35(12)。

种文本情境中灵活运用阅读策略，从而形成自主学习的能力。除了课内阅读，学校还对课外阅读做了有效探究。各学科教师紧紧围绕课程要求，精心选择能够提升学科核心素养的书籍推荐给学生。每学年学生完成四本必读书目的阅读，并进行四次阅读交流。教研组所有教师共同参与听课，互相观摩学习。

2. 一级古诗——传承文明

背诵积累是培养学生阅读能力的途径之一。多读诗、多背诗，能为其今后高雅风趣的谈吐、妙笔生花的写作打下坚实的基础。为了打造适合小学生年龄特点的诵读教材，学校组织全体语文教师成立诵读教材编写队伍，利用课余时间编写《慧诵经典》。学校从制度上规定，每天早晨的晨诵时间进行全校集体诵读。在诵读的基础上，每学期进行两次全校性的古诗考级，学校制定了符合学生实际且操作性强的考级标准。在落实本年级对应古诗级别的同时，鼓励学生挑战更高级别，变齐步走为尽情跑，学生诵读兴趣浓郁。实现跨级考的学生可成为学生考官。每当考级之日，现场热闹非凡。学生的参与，不仅激发了他们不断向上挑战的积极性，更让他们变得自信而笃定。

除了引导学生大量背诵积累，学校每学期还会举行各种形式的诵读展示活动。开学典礼的"读千古美文，诵盛世华章"板块，声势浩大，高潮迭起；应运而生的师生诗词大会，受到了领导和专家的一致好评，在2018年5月举办的海淀区诗词大会中，定慧里小学的《木瓜》《木兰辞》节目成为决赛展示节目。除了语文学科，英语组也编写了《美诗慧言》英语考级手册，进行英语诗歌考级。同时，学校每学期开展"诗歌日"活动，以诗配画、诗歌剧、唱诗、诵读秀等形式加深学生对英文诗歌的理解。

实践证明，考级活动不仅发展了学生的兴趣和特长，让他们在自我超越中品尝到成功的喜悦，还培养了学生的胸怀、志气和品格，提高了综合素养。"诵千古美文，做少年君子"，在吟诵古诗活动中，学生明确了做人的准则和今后的努力方向，形成了积极向上的人生观和价值观。

3. 一次演讲——沟通心灵

学校在学生广泛阅读、不断积累的基础上，将"让学生勇于表达自我、展示自我"定为下一阶段的核心目标。学校把课前五分钟演讲作为外化阅读、活跃思维、锻炼口才的一种途径。每个班级在各个学科都会进行课前五分钟演讲，从语文学科的"小小演说家""故事大王"，到数学学科的"讲述我身边的数学故事"，再到英语学科的"我说我秀"。此外，还有各学科的各类专题演讲：音乐学科的"我喜爱的作曲家""我喜爱的乐器""我听过的电影/动画片/电视剧主题音乐"；美术学科的"名家名作欣赏"；科学学科的"讲述星星的种类"……学生在不断展示和磨炼中变得阳光自信、落落大方，演讲的内容更加充实，形式也更加活泼多样。为了给学生提供广阔的舞台，学校每学期还会进行年级演讲比赛和辩论赛。学生绘制海报，自己主持，口若悬河，针锋相对，在语言的沟通中，得到心灵上的碰撞。

读书促进表达，表达又会促进思考的深入。通过课前五分钟演讲活动的开展，学生已经能够仪表大方、神态自然地站在讲台上，准确、完整地表达自己的见解和感受。经过不懈努力，他们的表达观点鲜明、材料充分、有感染力，口头表达能力得到了很大提高。可以说，课前演讲锻炼了学生的胆量，活跃了课堂气氛。阅读让学生厚积薄发、侃侃而谈，演讲让学生眼中有生活、心中有世界。

4. 一篇美文——表达自我

阅读是写作的前提，写作是阅读的升华。有了广泛的阅读，才能够厚积薄发，写作才能得心应手。

为了实现"我以我笔写我心"，定慧里小学缩减课内习作篇数，鼓励

学生进行自由创作。从低年级的亲子绘本创作，到中年级的小组童话故事创编、校园组诗创写，再到高年级的探险、校园小说的创作，无不体现了学生的潜能和创想。2016 年 12 月，由学生主编创作的"最美童书"丛书结集成册，一个个小诗人、小作家脱颖而出。在美术教师的指导下，丛书的封面和插图也全部由学生设计。每学期，各班都会制作学生创作集。2020 年，美术组与语文组联手制作了《"我慧我秀"诗画集》。为了给学生搭建广阔的展示平台，建立学生与学校之间沟通的桥梁，学校招募学生成立了"慧小记者站""《浪花》校刊编辑部"，目的是让学生学会观察生活、发现生活、用笔记录生活。从记者站成立之日起，学校就聘请专职教师为小记者们进行培训和选拔，通过定期写稿、筛稿、评稿等环节帮助学生明确撰稿要求，进一步提高写作水平。《浪花》校刊自创刊之日起，5 年间连续出刊 50 余期。从版面设计到美编绘图，再到稿件撰写，都凝结着学生的智慧和汗水。当微信公众号成为学校宣传的重要媒介时，学生又加入进来。在日常供稿、改稿的过程中，学生感受着身为慧小人肩上的责任，公众号"小荷才露尖尖角"上的优秀小说，截至 2020 年年底已经连载 100 余期。

5. 一笔好字——磨炼意志

汉字蕴含的文化博大精深，书写汉字不但是一种记录手段，更是一种文化传承。为了增加学生对书法文化的了解，定慧里小学制定了书法必读书目，《中国书法一本通》《中国书法五千年》《书法没有秘密》等，涵盖书法史、书法理论和书法技法等方面。书法学科还设立了一种特殊的阅读——读帖，即对字帖的阅读。学习书法，会读帖是一项重要的基本功。学校书法教师给学生讲解读帖的方法，介绍各种书体的字帖，让学生自己读帖，训练读帖的本领。除专时专用的书法课外，每周一下午为全校学生固定的写字时间，班主任指导学生进行软笔书写。同时，学校成立书法社团，由书法专业硕士研究生毕业的李刚老师任社团辅导教师，每周开展一次活动。自社团成立以来，社团成员认真练习，在各级各类比赛中屡屡获奖。通过阅读以及书法练习，学生不仅提高了书写能力，磨炼了意志，也增强了对中华优秀文化的认同感、自豪感和自信心。

6. 一部戏剧——全面发展

每个人身上都有与生俱来的表演天赋和与众不同的思维。为了充分发掘学生潜能，更好地提高学生的综合素质，学校组织进行课本剧表演，以课本为基础，给学生空间自由发挥。在这个过程中，学生的表达能力得到了锻炼，团队意识得到了增强。

为了加深学生对经典书籍、故事的理解和领悟，学校每年一次的戏剧节成了学生创造自我、演绎自我的舞台。从成语故事《东施效颦》到课本剧《秉笔直书》，再到名著故事《空城计》，一台台戏剧表达着学生对故事人物的解读，一张张剧照展示出学生对舞台的热爱。

2018 年，定慧里小学精心编排的原创校园剧《我们在路上》在民族剧院上演。该剧是融入了舞蹈、音乐、书法等各学科知识和技能的跨界展示，是学校学生全学科阅读综合成果的体现。学生在创作、编排、表演的过程中增强了主人翁意识，学会了付出和承担，懂得了合作的重要和团结的可贵。

此次校园剧演出开启了定慧里小学"具身认知"研究的探索之旅。2019 年戏剧节，学校改变原有的展演形式把它做成了主题嘉年华活动。学生身披定制的服装，扮演自己喜爱的书中人物，有《哈利·波特》中法力强大的魔法师，有《格林童话》中美丽善良的白雪公主，有《西游记》中神通广大的孙悟空，也有《三国演义》中英姿飒爽的将军……学生们像小明星一样走过长长的红地毯。

学生以戏剧、歌舞剧为载体，把自己的阅读成果展现出来，将创作

的故事搬上舞台。其中最值得一提的是音乐剧——《故宫里的大怪兽》，这是三年级学生在阅读后自己创作的故事。在音乐、舞蹈、美术老师的指导下，学生将花鼓戏、流行歌曲的元素融入表演中，自编自导自演了一出热闹非凡的歌舞剧。英语戏剧《咕噜牛》(*The Gruffalo*)、《小红帽》(*Little Red Riding Hoody*)、《岳飞传》(*The Legend of Yue Fei*)、《皇帝的新衣》(*The Emperor's New Clothes*)也在嘉年华中逐一亮相。现场的观众被同学们惟妙惟肖、声情并茂的表演带入一个又一个精彩的戏剧世界中，深切地感受到经典的魅力，掌声和喝彩声一次比一次热烈。

随着学校对阅读活动的深入探讨和学生阅读兴趣的日渐浓厚，课本剧的素材得到了进一步拓展和丰富，从之前的源于课本到学生自创。

一本名著，浸润童年，追求向善；一级古诗，传承文明，学做真人；一次演讲，思维碰撞，深化思考；一篇美文，文以载道，表达自我；一笔好字，书写精彩，磨炼意志；一部戏剧，认识自我，培养全人。

学校还对阅读教学评价方式进行了研究，建立了阅读档案，探索开发整本书阅读表现性评价方法。合理、科学、高效的课外阅读评价模式，将自我评价、小组评价、家长评价、教师评价相结合，通过阅读档案记录学生阅读成长的过程。

一、课堂变革的缘起 >>>>>>>

定慧里小学变革教学方式和学习方式，将学生的发展需求作为课程与教学变革的原点和依据，关注学生在课程中和课堂上的知识获得感，关注学生在多样化实践性学习中的提升度，努力把"学校教什么，学生学什么"的传统模式转变为"学生需要什么，课堂提供什么"的新型教育供需模式。

教育实施的主要场所是课堂，教育改革只有落实到课堂层面，才能真正进入深水区。学生学习方式和教师教学方式的转变是核心素养落实的中心环节。基于此学校形成了一套衡量一节好课的标准：自信站起来，大声说出来，质疑辩起来，掌声响起来。观察一个课堂的好坏，不是看它是否热热闹闹，而是要看学生是不是有质疑的精神，他们提出的问题是不是未知的，对于未知能不能深入探索。学校教师关注的是在教学过程中学生观念的碰撞与思维火花的碰撞所产生的变化。

有了课堂标准，还需要一种课堂模式作为支架，让课堂标准真正落地。学校致力于打造慧问学堂，尝试使用"问题—学习"方式进行情境教学，创设有助于培养学生思维的问题，激发学生的学习动机，提供解决问题的学习环境，让学生学会学习，学会解决问题，学会交往，学会合作，同时乐于学习，积极学习，主动学习，真正成为课堂的主人。

基于问题的学习(Problem-Based Learning，PBL)是一种新的教学策略与方法。该教学法于 20 世纪 60 年代末由美国神经病学教授霍华德·巴罗斯(Howard Barrows)提出，并在加拿大麦克马斯特大学的医学院首先使用。后来，它传播到其他国家和其他领域，受到国际上的认可，成为医学教育领域著名的教学法。基于问题的学习自 20 世纪 90 年代引进我国以来，已成为医学教育模式改革的一种趋势。其基本概念是，从实际问题出发学习所需要的知识与技能，而不是像传统的教学方法那样，从课程或教材的内容出发学习相应的知识与技能；根本目的是培养学生运用已学知识解决真实问题的能力。

从学习的目标指向看，这是一种关注经验的学习，它强调把学习设置到复杂的、有意义的问题情境中，通过让学生合作解决问题，来学习隐含于问题背后的科学知识，形成解决问题的技能，并形成自主学习的能力。其目的是培养学生自主学习的兴趣与能力，包括学会与人合作、自主决策、收集信息、解决问题的能力等，从而使学生的个性健全发展。基于问题的学习方式作为传统教学模式的一种转变，也会使教师和学生的角色随之发生变化，由此师生关系将产生新的特征。①

基于问题的学习策略呈现出实践性、情境性和个性化的特征，师生间不再是"传授者"与"接受者"的关系，而是问题解决的"合作者"，是建构问题的"共同体"，是共同发展的关系。获取知识不再是唯一目标，创新思维的培养成为课堂核心。

提出问题是国际教育发展的趋势，我国的教学实践也注重鼓励学生发现和提出问题，以学生的问题为基础，引导学生获取新知识，学习解决问题的方法。

---

① 吴惠青：《基于问题学习中的师生角色及师生关系》，载《教育发展研究》，2003(Z1)。

二、课堂变革的实践 >>>>>>>

(一)借力课题研究，以课题撬动课堂变革

《义务教育数学课程标准(2011年版)》在课程目标中规定，通过义务教育阶段的数学学习，学生能增强发现和提出问题的能力、分析和解决问题的能力。[①] 定慧里小学决定从数学学科开始，探寻构建慧问学堂。

一个偶然的机会，学校请来了北京市教育学院的张丹老师，她的课题"问题提出引领深度学习"与定慧里小学教师的想法不谋而合。在多方争取下，王晓娟老师加入了课题组，作为实验教师参与课堂教学实验的录制。

"问题引领学习"是指基于学生真实问题开展的学习。在这样的学习中，既将学生发现和提出问题作为学习目标，又将发现和提出、分析和解决问题作为学习的途径，从而激发学生的学习兴趣和自信心，促进创新意识的发展，提高发现和提出、分析和解决问题的能力，逐步学会"用数学的眼光观察世界，用数学的思维思考世界，用数学的语言表达世界"[②]。

在课题的引领下，学生在王晓娟老师的课堂中被推到了课堂的中心。学生提出的问题就是教学探究的问题，而解决的方式是学生在合作中、在实践中不断趋近问题的本质。这样的课堂，学生的参与是积极的，辩论是激烈的，所得更是实实在在的。成功的课堂与真实的情境、针对性

---

① 中华人民共和国教育部：《义务教育数学课程标准(2011年版)》，8页，北京，北京师范大学出版社，2012。

② 张丹：《"问题引领学习"：让儿童学习走向深入》，载《中小学管理》，2017(6)。

的问题、教师对课堂的思考是分不开的。

以问题为引领的深度学习，使我们在不断的教育实践中，触及教学的本质。在这个过程中，教师把符合教育改革方向的教学方式用于课堂教学中，提高学生的核心素养。

教师的研究能力随着课题的深入而不断提高。通过参与课题研究，教师可以敏锐地察觉到自己在课题研究中遇到的问题，并能根据实际的教学状况制定教学策略。在课题研究的过程中，教师的教育智慧得到了增长。

(二)科研带动教研，用教研活动助力研究

为了进入教育研究的深水区，学校采取教研和科研相结合的方式打造慧问学堂。

1. 教研活动研究过程

首先，加强理论学习。接受专家指导、积极学习教育理论是教师寻求专业发展的重要途径。结合新的理论知识，在专家的引导下，教师把教育研究与教育实践相结合，解决课堂中的实际问题，推动慧问学堂研究的深入发展。

其次，改革备课办法。用科研指导备课方向，教师将课题研究成果融入教学设计中，哪些问题可以提出，哪些不适合，哪些只是在某个环节进行，都蕴含着教育智慧。从备课到课后反思，科研意识贯穿于整个教学活动的始终。

最后，改变教研方式。教研组将慧问学堂实施过程中的问题作为每次教研的主题，采取问题引领的方式进行研讨。例如，如何展开小组学习，如何进行评价，如何形成课堂的话语体系……又如，教师在研讨中形成了定慧里小学的慧问学堂手势，让课堂交流更加顺畅。

学校注重构建专业共同体，成立"晓娟数学工作室"，让具有共同发展目标的教师组成专业发展团队，采用边实验、边交流、边总结的做法，就"问题引领式教学模式的设计与把握""科学课程评价""合作学习"等进行专题研讨，推出"以课代研"的教研模式。教师自报研究课，站在理论的高度，从研究者的角度出发将问题引领的教育理念渗透到整个教学实践中，对出现的问题及时进行总结，提升自己的专业水平。

2. 以课代研研究案例

在慧问学堂中，教师需要做出艰苦的努力，问题创设要设在重点处，掌握教学过程与结果之间的内在联系，起到释疑解难的效果。

以王晓娟老师执教的北师大版小学数学第七册第三单元"三位数乘两位数"为例，具体介绍慧问学堂教学过程。

"三位数乘两位数"是小学生整数乘法需要学习的最后一项内容。在上这节课之前，学生已经有两位数乘法计算的学习经验，有学习新内容的基础。学习四位数之内的乘法，其目的主要是激活学生学习乘法运算的经验，探索和体会如何把两位数乘两位数的乘法的算法与算理迁移到三位数乘两位数，进而掌握位数更多的多位数之间的乘法的计算方法。为了做好教学设计，教师在教学前进行了教材内容的梳理。

本单元学习内容的前后联系如图 4-1 所示。

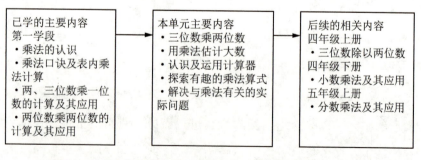

图 4-1 北师大版小学数学第七册第三单元学习内容的前后联系

整数乘法的梳理：本套教材共包括四次学习(见表 4-4)。

表 4-4　北师大版小学数学整数乘法内容梳理表

教学次数	册别	内容	重点
第一次	第三册	乘法的认识与乘法口诀	借助直观和情境图理解乘法的意义
第二次	第五册	两、三位数乘一位数的乘法	竖式的算理、发展运算能力
第三次	第六册	两位数乘两位数的乘法	竖式的算理、发展运算能力
第四次	第七册	三位数乘两位数的乘法	提高运算能力，为后续学习奠定基础

　　通过梳理发现，这不是一节完全意义上的新课。学生有两位数乘一位数、三位数乘一位数、两位数乘两位数的学习经历和对多种算法的理解，特别是具备一定的竖式学习知识基础。在教学中，教师应该充分唤醒学生的学习经验，做好促进学生迁移的教学设计，明确多种算法之间的联系，丰富学生对整数、整数乘法的理解，培养学习能力。

　　教师在设计教学任务时要遵循学习阶段的层次性，考虑学生完成任务的过程及难度。基于以上分析和思考，教师设计了本节课的学习目标及环节。

　　学习目标：

　　①结合具体情境，在问题提出的任务中理解乘法意义，经历三位数乘两位数计算方法的探索过程，体会多样化的算法，理解竖式计算的道理，并能用竖式正确计算。

　　②在问题提出的任务中，对整数乘法、竖式有深入的认识与理解，为后续学习奠定基础。

　　③在与他人交流的过程中，学会表达自己的想法，逐步养成善于倾听、敢于质疑的好习惯。

主要环节：

环节一：创设情境，提出问题。

教师出示教材情境图，让学生观察数学信息。学生提出用乘法解决难易不同的数学问题。

设计意图：一开始就是一次小的问题提出，目的是调取学生对乘法学习的理解与经验，使其在难易不同的算法中进行深度思考，再次理解乘法的意义。

在教学过程中，教师为学生创设真实情境，建构起课程知识内容与学生生活、经验、情感之间的联系，让学生基于真实的问题开展真实的思考和探究。

环节二：自主探究，引导发现。

师生讨论聚焦"每圈 114 分，21 圈需要多少分"这样一个乘法问题。列出算式后，提出有挑战性的任务：请尝试多种方法计算 $114×21$。

学生的计算方法如图 4-2 所示。

图 4-2　学生自主探究的方法

教师呈现学生的计算方法后，让学生进行观察、思考、交流和辨析。

设计意图：在挑战性任务的探究中，学生主动调取对乘法学习的经验，尝试用不同方法进行计算，再在师生、生生交流中理解不同的方法，初步理解算理与算法。

学生沉浸在情境中，当之前的学习经验与新的情境产生矛盾时，就

会产生疑问。在教师的引导下，学生积极讨论问题。教师在设计问题时，把教材新知识点与已有知识、经验之间的矛盾及学生的疑难点，当作设计的突破口，引导学生去探索和发现，帮助学生把握重点，化解难点，提高课堂学习的实效。

环节三：合作学习，建立联系。

学生已初步理解了各种不同的方法，为了使其更好地理解算理，掌握算法，教师在此时安排问题的提出。

教师的提示语：观察几种计算方法，为了更好地理解这些方法，请你提出值得继续思考的数学问题。（先独立思考，再小组推选问题）

学生慧学单如图 4-3 所示。

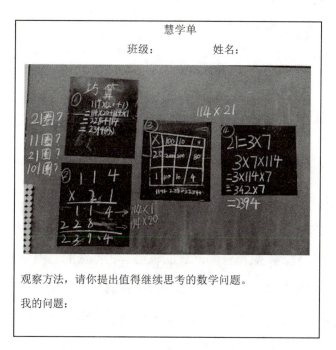

图 4-3　学生慧学单

设计意图：通过让学生自主思考、提出问题，给每位学生提供思考的机会，促进学生对方法本身、方法之间的联系以及本质进行思考，进而自主地建立联系。

各小组推选的问题如图 4-4 所示。

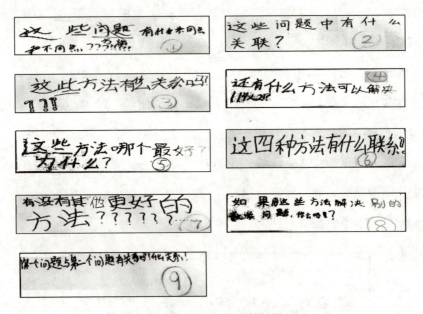

图 4-4　各小组推选的问题

各小组读出问题，教师询问学生是否都已理解问题。然后师生讨论，对问题进行分类，发现可以分为方法间的联系、其他方法等，且关注方法间联系的问题为多数。在此基础上，师生共同研究方法间有什么联系。

设计意图：在这一活动中，学生尝试提出问题后，小组内推选问题，给每个学生展示、交流自己的问题的机会。在推选的过程中，学生学习提出问题和做出判断，在相互交流中选出好问题，聚焦问题。

不仅是在情境体验上会出现疑问，学生在解决问题的环节中，也容易出现新的问题，从而进行进一步的探究。在上述设计中，教师巧设了一个能够引发学生产生疑问的情境，制造当前学习内容和学生原有认知之间的冲突点。认知平衡被打破后，学生会努力寻找新的认知平衡，这就是学生后续探索的内驱力，它能充分激发学生的求知欲。

教师在教学中，创设宽容、平等、自由的课堂氛围，鼓励学生大胆提问，从而帮助学生形成问题意识，养成提问的习惯，进而培养创造性思维和创新精神。

聚焦问题后，教师给学生提供长方形学具，学生用长方形学具表示不同的计算方法，寻找方法之间的联系。学生自主探究后，在问题的引领下，进行全班讨论交流。

设计意图：给学生提供"形"，帮助学生外显方法，凸显本质，便于发现其本质联系。

生1：方法1中写到114×(20+1)，就是把21拆成20和1。我(边指图边解释)把长方形的宽分成20和1，宽总共就是21，长是114，上面一部分的面积是114×20，下面一部分的面积是114×1，它们总共的面积就是答案。大家有什么补充和质疑吗？

师：(呈现长方形教具，点名学生上前标出114×20和114×1，再次共同理解方法1)第二种方法有用图表示出来的吗？

生2：我觉得第一种、第二种方法都是这个图，因为第二种方法在竖式中也是114×20和114×1。

师：这幅图也能表示第二种方法吗？

生2：能。也是拆成20和1。

师：第三种方法呢？

生3：第三种方法是把21拆成20和1，114拆成100，10，4。我把长分成三部分100，10，4，宽分成20和1。2000就是这块(其中一个长方形的面积)。这部分(另一个长方形)是什么？

生4：这部分表示10×20等于200。(教师在学生作品中进行标注)

生3：这部分(另一个长方形)表示什么？

生5：4×20等于80。

生 3 在和同学的问答中，借助长方形解释、理解第三种方法。

师：第四种方法呢？

生 6：把 21 分成 3 份，每份是 7。这个长方形的面积为 $114 \times 7 = 798$，大家有疑问吗？

生 7：第四种方法是 $3 \times 114 \times 7$，你这个是 114×7？

生 8：它们两个换个位置无关紧要，合起来还是 21，我的意思是(板书)$3 \times 114 \times 7 = 7 \times 114 \times 3 = 798 \times 3 = 2394$，这样也是可行的。

学生自发地鼓掌，表示了认可。

师：这个算式可以和上面的图建立联系吗？可以怎么调整它来表示第四种方法呢？

生 9：分 7 份。

师生共同想象说明第四种方法的图形。

师：四种方法都用图表示出来了，别忘记，我们用图做什么，解决我们的问题：这些方法之间有什么联系？

生 10：一是得数相同；二是除了第二种方法，其他都是拆分。

师：其他同学同意吗？第二种方法有拆分吗？

生 11：有。

师：有拆，还有什么？

生 12：合，都是再求面积。

到此，在"这些方法之间有什么联系"问题的引领下，学生借助长方形表示方法，在相互交流、补充和质疑中，发现方法之间的联系：先分后合。

此时，教师提出还有其他问题，如还有什么好方法。还有一个组提出，这些方法能不能计算别的问题。大多数学生认为能。

生 8：有些可以，有些不可以，如将 21 换成 23，第四种方法就不

能用。

师：特别好，这是你自己的思考。还有没有更多的方法，为什么有这么多方法，同学们课下继续研究。

本次慧问课堂教学问题提出的要点：观察多种方法，为了更好地理解这些方法，提出继续思考的数学问题。回顾这节课的学习过程，学生在挑战性的任务下思考多种方法，唤醒了之前学习乘法的经验，完成从两位数乘两位数乘法迁移到三位数乘两位数乘法的过程；然后在初步读懂多种方法的基础上，利用问题提出的过程，每个学生都进行了主动的思考，学习过程深入。为了提出问题，每个学生都付出了努力，提出了值得继续思考的问题。在问题推选、分类的过程中聚焦问题，教师提供了适当的工具——长方形，帮助学生解决问题，发现本质，丰富了对整数和乘法的理解。在此过程中，师生一起经历了发现问题、提出问题、解决问题的全过程。在这个过程中，教师很好地帮助学生理解算理与算法，为后续学习自主迁移奠定了基础。

3. 翻转课堂研究案例

传统的课堂教学过程通常包括知识传授和知识内化两个阶段，知识传授是通过教师在课堂中的讲授来完成的，知识内化则需要学生在课后通过作业或实践来完成。在翻转课堂中，传统教学方式被颠覆，知识的传授通过信息技术手段在课前完成，知识内化则是在课堂中经过教师的指导以及学生之间的交流互动来完成。

定慧里小学尝试将翻转课堂与慧问学堂相结合。以宋雪梅老师执教的《故宫博物院》一课为例，学生在家观看本课的空中课堂，自主完成学习任务单，在学习的过程中引发思考。观看完空中课堂后，小组合作尝试解决问题。学生在提出问题后，以学习小组的形式讨论选出有研究价值的问题，通过小组之间的合作解决问题，最后集体汇报小组交流的学习成果。

环节一：总结收获。

①同学们，这节课我们继续学习《故宫博物院》一课。昨天，我们在家观看了空中课堂，完成了学习任务单，通过空中课堂的学习，你有什么收获？

②学生谈收获。

③总结：通过空中课堂，我们学会了根据不同的任务开展有目的的阅读。现在，就让我们来回顾当时的学习情景吧！

设计意图：学生在课下观看空中课堂的学习过程中，已经掌握了一些知识点与学习方法。在之后的课堂教学中，教师就会节省出大量的时间进行师生互动、生生互动，探索学习中的疑点和难点，提高教学效率。

环节二：问题提出，答疑解惑。

质疑交流：

①过渡：同学们，空中课堂的学习不仅带给我们收获，也引发了我们的思考，在观看的过程中，大家有什么困惑吗？

②小组讨论交流问题。

A. 路线图：如何合理规划路线图？

预设问题1：材料三和材料四都是2016年12月的图片，现在有改变吗？又有哪些地点开放了呢？

预设问题2：怎么设计适合不同人(老人、第一次去的人、对历史感兴趣的人等)的路线？

预设问题3：什么样的路线能让我们最省时省力地游览所有的著名景点？

B. 导游词：如何把导游词写得吸引人？

预设问题1：导游词怎么才能写得全面又幽默？

预设问题 2：在写导游词的时候，能用什么类型的资料？

预设问题 3：在写导游词的时候，如何将收集的信息与文中的资料联合在一起，将其变为合适的导游词？

预设问题 4：写导游词的时候要考虑全面，但一个一个地罗列材料又不连贯，怎样才能让几个方面的材料串在一起并且有意思呢？

③小组代表在黑板上贴出问题条。

梳理归纳：

师：同学们，看着黑板上这些问题，你们发现什么了？（一类是路线图，一类是导游词）

这节课，就让我们带着这两类问题进行深入学习。

解决问题：

①路线规划。

板书：信息更新、根据需求、查找资料。

②小结：关于合理规划路线，这几个问题都解决了吗？我们可以通过这些方法合理规划。

③撰写导游词。

A. 过渡：同学们，关于路线图的问题我们已经解决，接下来继续交流如何写出吸引人的导游词。请同学们在学习小组内互相交流，可以用思维导图的形式在学习任务单二上呈现你们的讨论结果。

B. 小组交流讨论。

C. 汇报交流。

板书：拓展资料、整合转化、条理清晰、生动有趣。

D. 根据黑板上列出的方法提示，修改完善导游词。

E. 个人展示修改后的导游词。

④总结：同学们，你们看，上课刚开始的时候提出的这些问题，经

过同学们的讨论交流、思维碰撞，都解决了吗？在完成任务的过程中，我们用到的这些阅读方法使我们在学习过程中得到了提升，深化了学习！

设计意图：真实生活情境的创设拉近了学生与语文学习的距离，满足了多样化的学习需求。学生在问题探索和解决的过程中学语文、用语文，培养了创新精神，提高了语文素养。

环节三：拓展延伸。

①过渡：在单元的学习中，我们学会了"有目的地阅读"这一策略，同学们能够根据自己的阅读需求选择恰当的阅读材料，用恰当的阅读方法进行阅读活动。本学期开学到现在，我们共读了高尔基的《童年》，下周我们要针对这本书开一场阅读交流会。请你为这次阅读交流会设计一至两个阅读任务。

②预设任务。

预设任务1：画一张人物关系图。

预设任务2：制作人物卡片。

预设任务3：排演一段戏剧。

环节四：总结收获。

总结：同学们说得太对了，不同的书籍有不同的阅读目的，无论遇到什么样的书籍，都要带着一定的目的去阅读，这样才能提高阅读效率，进而进行深度阅读。希望同学们在今后的阅读中也要养成"有目的地阅读"的好习惯。

翻转课堂作为现行教学方式的一种有益补充，可以让学生根据自身情况和时间控制自己的学习，看视频的节奏由自己掌握，已学会的知识点可以快进，也可以停下来仔细思考或者做笔记，实现学习的个性化。教师利用节省下来的时间引导学生思考，把课堂还给学生，以学生为主体，让学生充分发挥自己的主观能动性，在合作探究中不断深化学习，

提高教学效率，优化课堂效果。

(三)梳理实践成果，全面推动教学变革

定慧里小学的教师们逐渐摸索出以学生为主体的教学模式，在课堂教学中依据学生的问题精心创设话题，将主题情境预设为与教学内容相关的主题系列，通过问题设计引导学生深入探究。

在这样的教学模式中，学生能主动地投身到学习过程中去，逐步获得学习的主动性，增强对学习的责任感。这有助于提高学生的学习动机，培养学生的思维能力，促进核心素养的形成。

慧问学堂是怎样的实施模式呢？

1. 创设情境

建构主义理论在教学中的运用开始于皮亚杰。他强调学习是学生主动建构知识的过程，学生之前学习的知识、情境与合作学习是影响主动建构的重要因素。

真正的学习要让学生置身于一定的生活情境、问题情境或者探究情境之中，要让知识与实际情境联系起来。学生的问题往往来源于他们对情境中事物的好奇。研究表明，具备新颖性、复杂性、不确定性和冲突性的事物都能够引发人们的好奇心，促使人们去探索和研究。[①]

慧问学堂的情境创设正是基于这样的学习方式，让学生个体或小组围绕真实的问题情境展开学习，让他们在学习的过程中主动建构知识结构。

那么，该如何创设情境呢？（如图 4-5 所示）

———————————

① ［美］约翰·巴雷尔：《教会学生探究》，姚相全译，15 页，北京，教育科学出版社，2016。

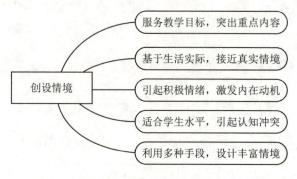

图 4-5　创设情境的五要素

  学习的目的不在于学生掌握了多少知识，而是让学生乐学、好学、会学。教师作为学习的促进者，要从现实生活中的经验和学生已有的知识出发，创设难度适中、趣味十足的情境，吸引学生的兴趣，激发探索问题的欲望。情境不仅可以在引入环节中使用，还可以在过渡、合作、示范等环节中使用，让学生在丰富的真实情境、问题情境、探究情境中学习。

  教师在创设情境时，要基于生活实际，创设接近真实生活的情境。真实情境中的学习是一种体验性的学习，教师要善于寻找与学习内容相关的学生经验，由此激发他们的探究兴趣和钻研精神。

  创设情境一定要服务于教学目标，不能为了创设情境而远离教学目标。这就对教师提出了较高的要求，教师需要在课前对教材和学生学习特点做整体的把握。这样，课堂的问题核心才能紧紧贴合教材，教师所创设的问题才有效。

  教师创设的情境不仅要适合学生目前的认知发展水平，还要有一定的挑战性，激起学生认知与情境之间的矛盾，以引发认知冲突，帮助学生在合作交流中发现问题、探究问题、解决问题，在相互启发中碰撞思

维的火花。

总之，教师根据教学内容的特点创设情境，能有效提高学生的学习兴趣，使学生在愉悦的情境下学习，为顺利展开教学做好铺垫。

2. 提出问题

学生的学习活动应该与有意义的问题相结合，让学生在真实具体的问题情境中带着任务学习，以对解决问题方法的探索来驱动和维持学习兴趣和动机，在解决问题的过程中完成知识的内化与吸收，并从中提高发现问题和解决问题的能力（如图 4-6 所示）。

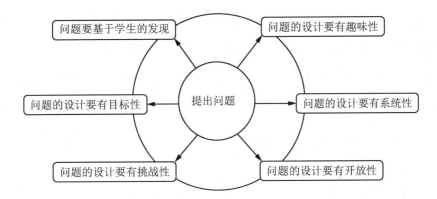

图 4-6　提出问题的六要素

具体来说，问题引领学习包括三个要点。第一，学会提问。提高学生发现和提出问题的意愿与能力是学习的重要目标。第二，因问而学。真正意义上的学习始于学生发现问题、提出问题，问题可以说是学习的动力。第三，问学交融。学生一方面在不断发现、提出、分析、解决问题中学习、应用和发展所学的知识和方法；另一方面在学习过程中不断发现和提出新问题。[1]

———————

① 张丹：《"问题引领学习"：让儿童学习走向深入》，载《中小学管理》，2017(6)。

学生的问题含有智慧，蕴藏着价值。教师要在理解学生问题价值的基础上，将学生的问题作为学习的重要线索，将学生的问题和学科核心问题有效连接，进行整体设计。学生提出问题的能力是需要逐步培养的，要经历教师指导、同伴互助、自我学习等过程。好的问题不仅是启动学生思维的触发点，也是激励学生主动持久地开展深度学习的关键抓手。教师要善于通过情境把学生的关注点引向需要到达的地方，再通过难度适宜的问题让学生形成内在学习动机，主动投入寻求问题答案的探索活动中。

问题的设计，要有目标性和系统性。一节课往往不是只有一个问题，教师要提出多个问题，形成问题链。当学生能够系统地解决每个问题、基于问题进行自主交流与合作探究时，就能很好地实现这节课的教学目标。教师要将一系列环环相扣的问题贯穿在整个学习过程中，启发学生通过自主、合作、探究的学习方式建构知识、提升能力。

问题的设计还应具有挑战性和开放性。没有对思维的挑战，就很难有思维的发展。思维性问题不仅关注思维的深度，更关注思维的广度；不仅关注知识技能的掌握，更关注知识背后蕴含的思想方法；不仅关注对某一个具体问题的思考，更关注对一串问题、一类问题、延伸问题的联系和结构等的统整思考。① 为了提出思维性问题，教师应该思考的是：不同层面的学生，其思维的兴奋点在哪里？怎样的问题能激发学生的认知冲突？如果"跳一跳能摘到果子"，那么"跳两跳"又会如何？"跳几跳"又可能会跳到哪里？此外，好的问题还要能够延伸拓展。好问题是可以生长的问题，是有关联的问题，是沟通知识结构的问题串或问题群。它

---

① 陈静：《用"好问题"撬动深度学习》，载《小学数学教育》，2020(8)。

可以不断开发、不断延展、不断生长。[1]

需要强调的一点是，问题的来源既可以是教师，也可以是学生。也就是说，问题的主体是谁并不重要，重要的是问题能真正调动学生学习的积极性，激发学生研究的欲望和热情。

3. 自主探究

改变学生的学习方式是《基础教育课程改革纲要(试行)》的主要任务。改进原有的学习方式，通过自主学习、合作学习和探究学习，提高学生的学习兴趣，以促进学生在教师指导下主动地、富有个性地学习。

自主学习就是学生能自觉地担负起学习的责任，不断挖掘潜在的独立学习能力，在学习过程中进行自我计划、自我调整、自我指导、自我强化，不断发现问题、提出问题、分析问题和解决问题，强调有个性的学习活动过程。[2] 自主探究是获取科学知识的主要途径，它需要经历一个探究的过程。这个过程需要在教师指导、组织和支持，以及学生内在动机的激发下，激活学生的认知、情感和行为，让学生自主参与、动手动脑、积极体验，在提出研究问题、形成假设的过程中获得知识、领悟思想、掌握方法(如图 4-7 所示)。

提出假设 → 制订计划 → 分析研究 → 得出结果 → 交流结论

图 4-7   自主探究的步骤

4. 合作学习

合作学习是指学生在小组中为了完成共同的任务，有明确分工的互

---

① 陈静：《用"好问题"撬动深度学习》，载《小学数学教育》，2020(8)。
② 吴惠青：《基于问题学习中的师生角色及师生关系》，载《教育发展研究》，2003(Z1)。

助性学习。按照建构主义理论，学生的学习是主动建构知识的过程。在慧问学堂中，问题都是开放的，没有现成的答案，这就需要学生进行创造性的思维，学生之间相互启发，各自提出不同的想法，从而建构起新的或更深层次的理解(如图 4-8 所示)。

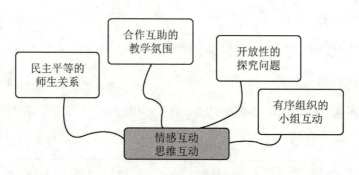

图 4-8　合作学习的关键要素

教师在指导学生解决问题的过程中，要创造出一种开放性的探究学习的氛围。在组织活动的过程中，教师需要做到正确组织，让学生能够分工合作，展开小组互动，通过合作交流达到相互激发的效果。当学生讨论时，教师应当是一名促进者，积极地旁观，随时掌握各种情况，支持和帮助学生自主学习和自我解决问题，使学生思维活跃，探索热情高涨。

5. 师生评价

教师通过创设情境、提出问题、自主探究、合作学习等步骤设计梯度任务，激活学生已有知识，促进主动思维。评价是课堂的一个重要环节，师生要在评价和反思中总结所学知识和方法，建立内容之间的联系。评价不仅存在于教学的最后一个环节，并且要贯穿于整个教学活动的始末。

学校从"倾听他人""独立思考""分享表达""交流互动""团队协作""评价反思"六个维度，设计了定慧里小学学习习惯评价表(见表 4-5)。

表 4-5　定慧里小学学习习惯评价表

序号	维度	一、二年级	三、四年级	五、六年级	分值
1	倾听他人	①轻放学具，头正、身直、脚放平； ②一人发言时，其他人手放下、保持 0 级音量倾听； ③目光聚焦发言人，用肢体语言进行回应； ④能听懂老师与同学的发言，并能简单转述	①能听懂 3 个同学或 2 个小组及以上的发言； ②能对他人的发言进行判断和回应	①能对他人的发言进行提炼和补充； ②能听懂多种观点，会进行归类	16 分 （每条 2 分）
2	独立思考	①保持 0 级音量； ②圈、画、写，记录思考过程； ③组织语言，准备交流	①能利用学习资料梳理思路、探究问题； ②能通过猜测、实验、推理等方式研究问题； ③用图文记录思考过程，进行归纳整理； ④思考过程记录比较工整，书写整洁	①在思考的过程中发现并提出新问题； ②能在规定时间内进行充分研究，考虑用多种方法探究问题； ③能预习并总结梳理，对问题有相应的研究	20 分 （每条 2 分）
3	分享表达	①举手经允许后，用 3 级音量发言； ②站姿标准，双手放裤线两侧； ③能用完整、成句的话表达自己的观点； ④尽量做到语言简洁、表达清楚	①运用发言技巧（如举例等）说明自己的观点，促进听者思考； ②围绕主题发言，观点明确、语言清晰，能用"我认为……""我觉得……"等语言表达观点	①借助工具、实证，有理有据有层次地表达观点； ②借助提问等方式，引发他人互动	16 分 （每条 2 分）

序号	维度	一、二年级	三、四年级	五、六年级	分值
4	交流互动	①发言人用1～3级音量进行小组或全班交流；②汇报时五指并拢，以手掌做指示，面向全体学生；③围绕主题，有序发言；④不懂之处，敢于提问，能用"我来试试……""我同意（赞成）……""我不同意（质疑）……""我补充……"等语言表达观点	①能肯定相同观点，提出不同见解；②围绕同一主题进行补充和完善，能用"我欣赏你的发言，我想补充……""我能帮你说得更清楚一些……""我想给你提个建议……"等语言表达观点	围绕交流主题，抒发观点，层层深入、达成共识，能用"我有新的问题……""我能帮你说得更清楚一些……""听了你的建议，我又有了新的思考……""我向你们组质疑……""我们组的观点是……"等语言表达观点	14分（每条2分）
5	团队协作	①在合作与交流中，保持1～2级音量；②明确团队任务，可轮流担任组长，活动有序；③人人积极参与，都做与任务相关的事	①制定团队规则，分工合理明确，发挥个人优势；②在面对困难时，关注同伴的观点和感受，用语言或行动互相包容和支持；③在组长的带领下能够有效地完成任务	①多维度思考问题，尝试找到不一样的途径创新地解决问题；②能够进行整组汇报，组员互相补充	24分（每条3分）
6	评价反思	①用简单的语言、图画等记录自己的收获；②对同伴的表现进行真实的评价	①敢于质疑、表达见解及思考过程；②正确认识和评价自己	能够了解自己是如何思考的，观察自己的学习过程，选择合适的学习方法	10分（每条2分）

这是自评、互评、师评的过程。自评是学生对自己的学习情趣、学习方法、学习过程和学习效果的审视，也是学生自我认知的过程。互评主要采用小组交互评价的形式，即教学过程中学生组成一定的学习群体相互肯定、指正、交流。师评着重于通过评价学生在整个教学中的表现，启发学生总结课堂所得。

在慧问学堂中，教师充分发挥问题导学的优势，以问题为主线，将枯燥无味的教学问题转变为有趣新颖的探究活动，通过引导学生主动探究、深入学习生成智慧、建立认知及发展核心素养。

一、学科共融的缘起 >>>>>>>

学校的课程建设应具有前瞻性，把 21 世纪人才应具备的技能和核心素养转化为课程目标，构建课程的框架结构，让人才素质标准在课程中找到载体。课程开发应站在解决生活问题的角度帮助学生适应未来，解决生活问题所需的知识并不是某一学科就能全部提供的，往往需要进行跨学科的整合。

在这样的学习需求下，学习方式除了教师讲学生听，还要增加项目式学习、探究性学习等，越来越多元的学习方式会把正式学习和非正式学习融为一体。开展学科内的整合性教学和跨学科的主题学习，是培养学生的综合思维、知识迁移能力的重要途径。定慧里小学通过开发项目式、主题式、实践型等多种形式的课程，尝试打破学生接受式学习的单一模式，丰富学生学习方式与学习体验，创造出丰富的连接点，以此强化学生认知与能力的融合，提升学生的综合素养。

陶行知先生指出，"生活即教育""社会即学校"，教育不能脱离社会和生活。学校应该是一个开放的组织系统，要建立与真实世界的联系，充分利用外部社会资源开展教育，把整个社会变成学生成长的大课堂。

二、学科共融的实践 >>>>>>>

(一)项目式学习在小学数学中的教学尝试

1. 研究背景及其意义

回归生活、创建课程学习与学生经验之间的纽带是 STEAM 教育的重要命题。对处在基础教育阶段的学生来说，趣味性的课程能有效调动学生学习的积极性。

以跨学科的项目主题学习为主要特征的 STEAM 课程，将多学科的知识进行融合并将其置于与学生生活和经验相关的问题当中，为学生提供了真实生动的学习情境。它能够帮助学生进行知识的联结与迁移，让学生在多学科知识的指导和辅助下对问题进行多层次探讨，生成多元解决策略，在动手实践的过程中培养创新能力。STEAM 教育强调学生在小组和团队中，通过与他人的相互配合实现相互启发、共同探讨，这样不仅能够锻炼学生的沟通能力和交往能力，还能够培养团队合作意识。

2. 项目式学习的开发与实践

以小学数学"比的认识"单元教学为例，李越老师将项目式学习引入小学数学教学中，不仅能够落实课程标准的内容要求，还能培养学生的创新精神和实践能力。

(1)确定主题

教师在确定项目主题时，优先从数学课标、数学教材中的内容出发，结合学生身边的问题、社会需求或社会现象等来确定项目主题。

"比的认识"是北师大版《数学》教材六年级第一学期第六单元的学习内容。《义务教育数学课程标准(2011 年版)》对这部分的内容要求是：在实际情境中理解比及按比例分配的含义，并能解决简单的问题。学生通过关于比的相关知识的学习，有助于对除法和分数的认识，沟通知识间的内在联系，加强对现实生活中数量关系的认识和理解，进一步完善认知结构，为进一步学习比例和其他数学知识打好基础。因此，我们以"比的认识"这一单元作为项目的知识核心，开展项目式学习。

结合项目的知识核心，我们将项目主题确定为"定制个性营养餐"。之所以选择这个项目主题，缘于两个方面。一是人们对健康的关注度不断提高。人们关注的方面从如何吃饱到如何吃好，再到如何吃得更健康。饮食健康不仅是一个社会现象，更是真实地发生在学生身边的问题。二是该项目主题与六年级"比的认识"知识内容非常契合。"比的认识"要求学生理解比的意义，能用比的意义解决按比例分配的实际问题。营养餐中的三餐能量、营养物质的分配等都和本单元的知识有着紧密联系。

学生在"真实问题＋学习需求"的驱动下产生解决问题的愿望，在现实任务驱动中抽象出数学问题，实现数学知识的主动习得，进而获得知识、培养能力并提升数学素养。

(2)确立项目目标

项目目标是结合数学课程标准及项目主题特点制定的。项目目标分为两个层面：数学目标和主题目标。数学目标是结合数学课程标准及项目主题特点而制定的核心知识、核心能力、核心态度。主题目标是本项目的最终成果，可以是实物、报告及某个活动等。主题目标是为数学目标服务的，通过完成主题目标进而落实数学目标。"定制个性营养餐"的项目目标如下。

数学目标：

①通过个性营养餐方案的制定与实施理解比的意义，能用比的意义解决按比例分配的实际问题。

②在个性营养餐方案制定与实施活动中，提升合作、研究、策划、思考、交流、协作、自我管理等多方面能力，进而发展实践能力和创新能力。

③通过参与"定制个性营养餐"活动，增强健康意识，关注他人的健康需求，增强社会责任感。

主题目标：

①通过讨论、制订活动计划，以及信息收集、筛选、分析判断与研讨等，制定出小组个性营养餐方案。

②在小组初步完成个性营养餐方案的基础上，全班进行小组展示交流，进一步完善小组的个性营养餐方案。

③向有改善饮食需求的人(群体)推荐符合其需求的个性营养餐方案。

（3）设计驱动问题

设计驱动问题对于整个项目来说至关重要。驱动问题要能够激发学生的兴趣，根据项目特点的不同，可以只设计一个主驱动问题，也可以在此基础上将主驱动问题分解为若干个次驱动问题。一般来讲，小学阶段的数学课程在开展项目式学习时，学生通常以角色扮演的形式进行。因此，大部分驱动问题可以以"作为某某角色，你如何达到或实现某种目的"的形式提出。

"定制个性营养餐"项目的主驱动问题是：作为一名营养师，你如何让有改善饮食需求的人(群体)采纳你的个性营养配餐方案。次驱动问题是：什么是营养餐，目标人(群体)是谁，如何根据需求制定营养餐食谱，如何表达方案，等等。

（4）实施过程的设计

项目实施过程的设计与教师平时做的课堂教学设计类似。课堂教学设计是教师基于教学目标、教学重点等设计出教学环节，而项目实施过程的设计则是基于项目目标设计出一系列项目实施的环节。它们的相同点都是围绕目标展开活动安排，不同点是项目实施过程中的环节设计要比课堂教学设计内容更丰富，所花费的时间更长，并且要考虑到课上与课下的安排。不仅如此，项目实施过程设计，还要考虑项目衍生作品的确定及项目进度表的制定。

基于前述的项目目标，并从学生主体性出发，本项目的实施过程框架设计如图 4-9 所示。

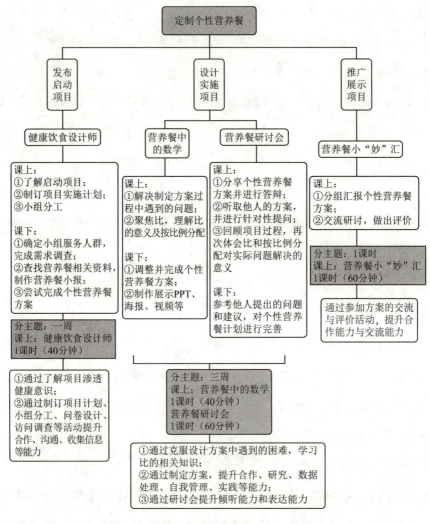

图 4-9 "定制个性营养餐"项目实施过程框架

在环节一"健康饮食设计师"中，学生通过了解、初步尝试参与项目，建立起数学与生活的联系，激发学习比的兴趣和动机。

环节二含"营养餐中的数学"和"营养餐研讨会"两部分。

"营养餐中的数学"分课上、课下两部分。课上主要完成两方面的任务。

①发现并聚焦项目中与比相关的问题。

②以学生问题为主线，完成理解比的意义、化简比及按比例分配等单元目标。

课下内容为将所学比的相关知识应用到制定个性营养餐方案中，加深与比相关的知识的理解。

"营养餐研讨会"也分为课上、课下两部分。课上，学生通过分享与交流，完成三项任务。

①阐述比在方案中的应用。

②联系生活实际，讨论应用比时出现的问题，进而深化对比的意义的理解。

③回顾项目历程，再次体会比、化简比及按比例分配对解决实际问题的意义。

课下，通过对个性营养餐方案的完善，进一步学习、理解关于比的相关知识并体会比在实际生活中的应用价值。

在环节三"营养餐小'妙'汇"中，各小组通过展示、推广方案，完成理解比的意义、学会化简比、能用比的意义解决按比例分配的实际问题等单元目标。

(5)规划项目评价

规划项目评价时，要落实评价多元化原则。"定制个性营养餐"项目评价表设计见表 4-6。

表 4-6 "定制个性营养餐"项目评价表

维度	要素	低于标准	达到标准	高于标准
"定制个性营养餐"方案（成果）	科学性	①无数据真实来源；②无计算过程；③计算错误；④菜品安排不合理	①数据有真实来源；②有计算或推理过程；③计算准确；④菜品选择合理	在达到标准的前提下：①合理运用数据；②数据来源清晰
	个性化	①没考虑客户需求；②没考虑客户经济情况	①尊重客户需求；②考虑客户经济情况	在达到标准的前提下：种类多样
	可操作性	①无相应做法；②菜品难以实现	①有相应做法；②菜品较易实现	
展示交流	现场效果	①无现场展示途径；②语言不流畅，与听众无眼神交流；③条理不清；④不能回答问题；⑤回答脱离主题	①有现场展示途径（如PPT、视频等）；②语言流畅，和听众有眼神交流；③条理基本清楚；④能清楚地回答问题；⑤回答一个不知道答案的问题时，承认"我不知道"或解释如何可以找到答案	在达到标准的前提下：①语言有感染力；②有一定的肢体语言；③答辩理由充分且合理；④能接受他人的建议

（6）项目管理方案的设计

一个项目得以有效实施，关键在于良好的管理。教师作为项目的管理者，一定要设计好管理方案。小学生年龄较小，教师应尽量将管理工具可视化并借助家长的力量。基于"定制个性营养餐"项目的特点，我们制定了《家长告知书》、"小组分工表"以及"学生周计划表单"三个管理工具，并借助项目进度表按时间节点监控学生进度和收集相关的过程性照片、视频等资料。

3. 项目式学习的实施效果

首先，运用项目式学习进行"比的认识"整个单元的学习，学生的整

慧心课程——指向学生核心素养的校本创意与深度实施

体学习效果非常显著。

项目结束后，设计了一道对学生学习效果进行检测的试题。

将25吨粮食分配给甲、乙、丙三个生产小组，甲组分得7吨，乙、丙两组分得的数量比是4∶5，乙、丙两组各分得多少吨粮食？

实施项目式学习的两个班共70人，其中出现错误的学生有2人，达标率为97.1%。对于学生出现错误的原因，我们经过观察和与这2名学生及其所在小组组员的深入交流，发现他们存在的共同问题是，在项目实施的过程中参与度相对较低。

其次，学生在研究、创新思维、与人交流及合作、解决实际问题等诸多方面的能力有显著提高，特别是合作能力提升明显。

在整个项目实施过程中，为了能科学合理地设计出营养餐方案，学生通过多种途径展开学习和研究，如借助电脑上网查找资料、利用APP获取数据、购买或租借图书进行学习、咨询相关专家等。在此过程中，学生体验了研究的过程，尝试了如何解决现实中的问题，并积累了相关经验。

不仅如此，学生在表达、与人交流及合作等方面的能力提升明显。例如，在和学生交流时，高同学说："我们组的刘同学可认真了，为了能够讲好她负责的部分，没事儿就让我们听她讲，而且她说她这几天在家里一直练习。"刘同学是班级里一个比较腼腆的女生，平时很少站在讲台前和大家交流。在"营养餐小'妙'汇"课上，他们组从"选题原因""科学依据""方案量化"以及"方案亮点"四方面进行介绍，思路非常清晰。刘同学介绍的恰恰是工作量最大的"方案量化"这一部分，她讲述得很自然、流畅。在答辩的时候，刘同学回答得也很有条理，表达能力、交流能力得到了显著提高。再如，在"营养餐小'妙'汇"的交流环节中，学生都写下了自己经历整个项目的感受。其间，很多学生提到了合作的重要性。他们有的说团结就是力量，有的说做事情一定要团结，有的说只要一起努力就一定有收获。陈同学在课上分享感受时，有些哽咽地说："以前我觉得不需要合作，我自己就挺好。但通过这次学习活动，我觉得队友太重要了。做一个星期的食谱，要是没有同学的合作，完全靠一个人完成是不可想象的。"短短的几句话，让大家知道他变了，从没有合作意识，到变得有合作意识并具有与他人进行合作的能力了。这种改变不仅属于这位学生，更属于所有真正参与项目的学生。

最后，学生增强了健康意识，意志品质等方面有了显著提高，学会了为他人着想，并具有了换位思考的意识。

通过这次项目式学习，学生不仅积累了完整的做项目的经验，有了寻求合作的意识，提升了合作能力，还学会了换位思考，并能够从他人的角度思考问题。张同学这样说："我们通过'定制个性营养餐'活动，体会到了换位思考，具有了从别人角度思考问题的意识。"一位家长对孩子做出了这样的评价："孩子经过这次学习长大了，知道心疼人了。"更可喜的是，学生通过这次学习活动开始关注健康了。雷同学在交流时这样写道："经过这次活动，我开始关注脂肪、蛋白质、碳水化合物等营养成分，也关注健康饮食、科学饮食。"董同学说："我以前去超市喜欢吃什么就买什么。现在，我去超市都要看食品的营养成分和烹饪方法，判断它是否有利于身体健康。"

项目结束后，班里学生中午打饭也发生了变化，以前一些不盛青菜的学生开始盛青菜了，盛很多肉的学生盛得少了。学生的收获还有很多，有的学生说学会了坚持，有的说学会了遇到困难想办法解决，有的说知道了做一件事情要先订好计划，等等。

（二）西安文化研学旅行课程的构建与实施

研学旅行是学校教育和社会教育的一个新结合点。两千多年前，孔子周游列国是游学精神的起点，到近代陶行知提出"生活即教育""社会即学校"的生活教育理念，在两千多年里，研学精神一直贯穿始终，渗透着中国智慧。正如教育家陶行知所讲，"行是知之始，知是行之成"。随着我国教育体制改革的深入，学校的校外教育活动与文化旅游得到了进一步融合。作为一种"在路上"的新型课堂，研学旅行以研究促进学习和让学习与实践相融合，使其迎来了发展契机。

1. 研究背景及其意义

2016 年 11 月，教育部等 11 部门联合发布《关于推进中小学生研学旅行的意见》，指明了研学旅行对学生成长的重要作用，并将其纳入学校的教学计划中。2018 年 1 月，教育部印发的《教育部 2018 年工作要点》明确指出："建立健全立德树人系统化落实机制……统筹中小学综合实践活动、劳动教育、心理健康教育、家庭教育、影视教育及研学旅行等……推进研学实践教育营地和基地建设。"

研学旅行是教育部在基础教育改革中推进素质教育，创新人才培养模式，提高学生的社会责任感、创新精神和实践能力的重要举措，也是落实立德树人根本任务、培养学生核心素养不可缺少的综合实践育人途径。

在实践中体验，在体验中提高，是研学旅行与其他课程相区别的鲜明特征。开设研学旅行课程主要是让学生接触实际的社会环境，在这个过程中提高探究、解决实际问题的能力，获得独特的生活经验与情感体验，在环境中获得熏陶。

读万卷书，行万里路。由于空间的限制，行万里路是学校教育中难以实现的目标，但是研学旅行的实施让行万里路成为现实。在路途中，学生可以体验到不一样的学习氛围。不同于私人出游，研学旅行这种集体出行方式，除了开阔学生的眼界，还能培养学生的团队意识。

2. 研学旅行课程的开发与实施

安全性是研学旅行课程设计时考虑的首要因素。除此之外，学生认知能力与目的地的文化内涵是否匹配，能否产生相应的教育价值也是需要考虑的方面。关于研学旅行课程，学校的目标是既能满足学生需求，又能真正培养学生综合素质，让学生通过参与研学旅行课程获得团队协作、沟通、决策、解决困难等综合能力。

（1）研学旅行地点的选择

研学旅行地点选择与线路设计是课程内容设置的重要因素。基地和线路特色是课程资源的核心价值所在，去不同的地方研学所学习的内容是不一样的。因此，要科学设计课程目标与内容，充分挖掘这些资源的教育价值。

陕西西安见证了我国社会变迁与文化发展，是中华文明和中华民族的重要发祥地之一，也是丝绸之路的起点，历史悠久，文化底蕴丰厚，是进行文化、历史研学非常好的地点。它给学生参观、体验、探究提供了可感知的真切场景，是学生现场学习非常好的选择。

在陕西，学生不仅能领略古都的历史风貌，还能感知中国历史文化传承的脉络：在西安半坡博物馆，感悟古代先民的智慧；在秦始皇兵马俑博物馆，感受当年秦军横扫六国的威风；在大雁塔广场，领略宏伟的建筑艺术；在大明宫国家遗址公园，欣赏大唐帝国宏伟的宫殿建筑群；在西安碑林博物馆，欣赏历代碑刻艺术精品；在西安明长城，品六百多年岁月的沧桑……

从远古到现代，随着研学地点变化，学生将会有非常大的收获。六年级学生在语文和历史课上学习过与研学地点相关的内容，而且学校开展过"学丝路精神，做慧美少年"主题教育活动，在此基础上进行课程和主题教育活动的整合，有利于教师对学生进行教育，提升学生的全面

素养。

（2）研学旅行目标的确定

目标1：历史探究——通过探访大明宫国家遗址公园、秦始皇兵马俑博物馆、西安半坡博物馆、西安碑林博物馆、陕西历史博物馆、大雁塔广场、西安明城墙、张学良公馆等，触摸历史，体悟社会，建立知识间的联系。

目标2：民俗文化探究——通过听秦腔、选拔"文武状元"、听《盛世大唐》讲座、吹陶埙、习书法等体验活动，了解华夏五千年文明，传承并保护中华文化遗产。

目标3：增强民族自豪感——体会西安的文化底蕴以及乡土民俗，让学生爱上这片大地。全程互动式研学，提升学生人文底蕴、科学精神和爱国情感。

（3）研学旅行主题的确定

任何一个研学基地，其资源都是各有所长的。无论是单一型还是综合型基地，我们都需要对资源进行深挖细研，根据学生发展需要进行取舍。

研学旅行课程，主题是关键。它可能是文化主题、历史主题，也可能是自然主题、科技主题，还可能是社会主题、文化遗产主题等。本次研学旅行设定的主题见表4-7。

表4-7　西安文化研学旅行课程设计表

课时	主题	活动地点	活动内容
第一课	皇城进士文武状元	大明宫国家遗址公园	①穿唐装、化唐妆，了解唐文化； ②皇城进士主题活动(文状元)； ③大唐运动会主题活动(武状元)； ④参观大明宫遗址博物馆，观看《大明宫传奇》影片

课时	主题	活动地点	活动内容
第二课	千人千面 秦帝之谜	秦始皇兵马俑博物馆	①参观世界八大奇迹之兵马俑； ②秦始皇陵祭秦，集体吟诵大秦将士战歌《无衣》
第三课	非遗传承 戏曲鼻祖	某文化公司	①欣赏艺术瑰宝——秦腔，并学习演唱； ②体验制作陕西八大怪 biǎngbiǎng（音）面
第四课	聆听远古智慧 探寻人类文明	西安半坡博物馆	①体验钻木取火，培养学生的知识应用能力； ②体验原始房屋搭建，培养学生的团队协作能力； ③体验植物锤染，培养学生的美学鉴赏能力
第五课	斯文在兹 撇捺人生	西安碑林博物馆	①通过学习，诵读《石台孝经》《开成石经》，背诵其中的名句，增强国家认同； ②了解汉字起源，品味撇捺人生之境界； ③在五大千古名碑下，临写篆隶行楷草字体，学习书法第一课——永字八法
第六课	放眼千年历史 知道周秦汉唐	陕西历史博物馆、大雁塔广场	①通过周秦汉唐主题讲解，寻找国家宝藏，参观珍宝馆； ②多种类的各朝代高仿文物互动式体验； ③七所院校客座教授陈严老师激情开讲《盛世大唐》
第七课	明城墙威武厚重 一曲陶埙吹响古城	西安明城墙、张学良公馆	①陶埙教学； ②了解张学良将军生平，以及惊心动魄的西安事变

　　此次研学旅行活动课程是经过精心策划的，对每一个文化古迹的研学都是在讲解、参观的基础上，配合参与性体验活动，符合学生的认知规律和心理特点。这样的研学课程，使得学校的研学活动课程化、系列

化、体验性强，使文化传承性和体验性紧密融合，发挥了较好的教育功能。

(4)研学旅行方案的设计

学校通过研学旅行前预习、研学旅行中体验、研学旅行后总结等环节来完成研学目标。

研学旅行前预习：活动前，推荐观看 2017 年中央电视台大型文博探索节目《国家宝藏》第四期以及纪录片《从秦始皇到汉武帝》；推荐阅读贾平凹著《老西安》、王蓬著《从长安到罗马》；聆听专家讲座《走进古都西安》；鼓励学生进行网上学习，通过网络关注自己关心的话题和研究的主题，提前进行学习。

研学旅行中体验：学生出行之前先进行学习，然后带着疑问和好奇走进西安。教师发布任务，向学生明确实践课程的主要任务。学生通过参观、体验、感悟等活动，实地了解西安的历史和文化。研学课程明显区别于课堂教学，注重真实的情境和学生的亲身体验。另外，在教师的安排上注重专业性，请陈严教授为学生讲解《盛世大唐》，赵教授给学生讲解《撷捺人生》。开展小课题探究，小组合作聚焦一个共同感兴趣的主题，如唐文化、考古发现、古都西安、兵马俑的特征、西安事变等，共同研究，完成小研究报告。

研学旅行后总结：课程实施后的总结及时有效，让学生从文明、互助、见闻、体验等多角度、全方位进行总结，在总结中升华认知，形成正确的价值观，建立对中华优秀传统文化的自信，培养民族自豪感。教师和学生共同根据学生的表现进行总结评价，共同评分，评出优秀小组，发放奖品激励学生。

这门课程，从资料收集、路线规划、手册制作到课程实施，让学生学习认真体会、详细记录、热烈讨论、真诚分享。

（5）研学旅行评价的设计

定慧里小学从旅行前、旅行中、旅行后三个阶段对学生进行过程性评价。在评价形式上体现多元化的特点，学校从自我评价、教师评价、小组评价、研学报告评价、家长评价几个部分进行设计。评价指标的设定强调可操作性，从纪律、文明、自理、互助、学习等方面综合评定学生的研学表现，使学生在活动过程中目的明确、标准清晰，并在实施中提升自我认知和互评、他评的能力，客观认识自己和他人。

自我评价方面，聚焦旅行前预习、探究思考、小组研究、自我管理等维度，引导学生明确研学是学校学习的补充，需要做好相应的准备才能有好的收获，对探究问题要认真思考和求证，培养科学辩证的思维能力。小组合作要明确自己的工作内容和任务，认真完成工作，在合作中学会与他人友好相处。自我管理方面，注重学生自律和规则意识的形成，要求学生遵守时间，管理好自己的物品。这些都是学生成为有合作能力、担当意识、竞争意识、良好自律的未来社会合格建设者的必备能力。

教师评价方面，关注学生的观察能力、理解能力、分析运用能力、创新能力、自我管理能力等方面，倾向于学生学习素养和学习能力的提高。

小组评价方面，侧重于资料准备、参与程度、团队合作，在促进深度合作的过程中让学生关注自己在小组中的表现，正确、客观地看待自己和他人，并把从其他人身上寻找自己值得学习的东西作为重要内容，在教师引导下取人之长补己之短，用积极的心态发现身边美好的人和事。

另外，评价内容随研学手册提前发放，让学生明确评价依据和标准，有利于学生自我管理和提升。

第一本手册《十三帝王根 中华五千魂》，包括出行须知、物品准备、气温观察、行程安排、研学目的和评价，图文并茂，非常丰富，系统性、

慧心课程——指向学生核心素养的校本创意与深度实施

可操作性很强。其中，探究部分分为大明宫词、梦回盛唐、古韵秦风和考古探究几部分。手册里不仅有写一写、辨一辨、画一画，还有课题研究小报告以及学生自我评价等内容。学生拿着它，在研学的过程中就有了学习的依据。

在这次研学旅行中，学生需要以团队协作的方式完成一个小课题，涉及的主题是唐文化、考古发现、古都西安和爱国传统。学生可以选择一个感兴趣的主题，再在大主题下量力而行选择一个小课题，与有同样兴趣的小伙伴组队，一起完成研学小报告(见表 4-8)。

表 4-8　项目研究申请书

项目研究问题				
负责人		研学路线		
班级		指导教师		
主要成员	姓名	职责分配	姓名	职责分配
项目设计				
研究目的(我为什么研究?):				
研究内容(我要研究什么?):				
研究策略(我要怎样研究?):				
研究成果(我要如何展示?):				
评审教师意见:　　　　　　　　　　　　　　　　　　年　月　日				

第二本手册《斯文在兹，撇捺人生》，是关于西安碑林博物馆书法体验的。手册中不仅有碑林的导览图，而且介绍了汉字书体演变、执笔法。

其中的篆书目录偏旁字源，可以让学生感受到浓浓的墨香和文化气息，使他们还未到现场参观，就被深深吸引。

（6）课程实施及效果

2019年4月10日到13日，定慧里小学2013级96名学生和12名教师，走进西安，探寻我国悠久文明历史，感受中华文化的博大精深，增强爱国情感和作为中国人的文化自信。师生们一起走进西安半坡博物馆，领略远古先民的智慧。钻木取火，让学生大呼神奇。麻布锤染，感受古人的爱美之心和智慧。搭建房子，感受几千年前先民的智慧。在大明宫国家遗址公园，穿唐装，学唐礼，感受大唐帝国的盛服古韵。在西安碑林博物馆，欣赏历代碑刻艺术精品。在西安明长城，感受六百年岁月沧桑，学习陶埙吹奏技巧。在张学良公馆，探寻西安事变的那段历史。可以说，西安之行给师生留下了深刻的印象。

在此，摘取部分学生感悟。

让世人惊艳的兵马俑

西安是具有厚重文化底蕴的古都。它见证了整个中国的发展，也见证了朝代的更迭，宛如一首写不尽的诗，一直在续写着中国的发展。这次，我们研学的地方就是世界四大古都之一——西安。

其中，我最为喜欢的就是参观兵马俑：看！它们有的沉稳果敢，有的勇敢刚毅，有的面带微笑，有的仁厚，有的凶狠，可谓栩栩如生。骑士们留着胡子，穿着铠甲，头上戴着帽子，脚上穿着靴子，一手牵着马，一手拿着弓。其中一位头上戴着一顶长长的帽子，双臂伸在面前，真是气度非凡的将军。说了这么多的"它们"，其实就是兵马俑。从语文课本中，我知道了兵马俑的制作过程。制作一个兵马俑需很长时间，何况要制造7300余个，这反映出秦朝雕塑艺术的高超，体现了我国古代劳动

人民的智慧。问题来了，既然制造兵马俑这么麻烦，为什么秦始皇还要制造呢？这是因为他想在死后继续他的统治，需要士兵来保护他，所以制造了兵马俑。秦始皇的这一行为给我们留下了宝贵的历史遗产：兵马俑不仅对军事史的研究，而且对艺术史和科学史的研究都有很高的价值，它再现了2200多年前中国雕塑艺术的辉煌成就，为世界了解中国古代文明提供了有利的条件。走出秦始皇兵马俑博物馆，回想起来，可以用震撼来形容这次研学。我被兵马俑的磅礴气势震撼到，被古人的智慧震撼到，被兵马俑的精细做工震撼到。

"纸上得来终觉浅，绝知此事要躬行"，平时我们都是在书本上了解西安的特色……而这次研学，让我们对西安有了新的认知。

——定慧里小学2013级(4)班高同学

念奴娇·长安情起

明楼城下，红灯起，长安一片繁华。华清池中，水未尽，贵妃已然消逝。

玄奘西取，鉴真东渡，传播佛文化。大唐盛世，引人感慨良多。

赞叹秦皇伟绩，六国终统一，始有帝制。长城万里，文字同，功过千秋万代。

华山论剑，英雄豪气起，侠肝义胆。丰碑如林，触然你我心间。

——定慧里小学2013级(2)班黄同学

西安研学之旅——西安见闻

昨日长安汉宫阙，春风吹雨聚秦关。

十三古都今犹望，纵跃秦岭意恐晚。

长安逝去已千年，咸歌太平犹眼前。

驱车研学临西秦，绿衣童子意尽欢。

唐宫遗址留大明，梦回大唐亦题名。

身着盛装微拘礼，尚衣晓筹上朝廷。

骊山脚下俑百万，万岁羽林守皇陵。

车马长矛所披靡，纵使仙去犹号令。

再入碑林寻墨迹，颜筋柳骨俱奇珍。

右军墨池勤洗笔，兰亭绝世艺精深。

秦腔隽韵留传承，曲乐绕梁遗芬芳。

塔势涌出耸天宫，大雁七层惊穹苍。

千年文明古历史，留予子孙比万金。

不得肆意长安客，莘莘学子携雄心。

——定慧里小学 2013 级（2）班陈同学

　　学校课程的组织与实施离不开学校课程管理。21世纪初，我国学者就以发起于美国的"课程领导"概念代替约定俗成的"课程管理"术语，国内掀起"课程领导"研究的热潮。定慧里小学审时度势，积极响应课程改革的时代呼唤，深入推进课程组织管理的新变革。学校改变从上级部门和外部获得行政和管理驱动力的观念，积极发挥自身的主动性，在继承原有的课程管理优良传统的基础上，注重对课程以及与课程有关的人、财、物的决策、指挥、创新，较多地考虑管理中的人文、价值和发展动力因素，从学校课程管理走向课程领导。学校课程领导，在实践中体现在校长课程领导力和教师课程领导力两个方面。

　　校长是学校课程建设的核心和关键。校长课程领导力指的是校长按照党和国家"立德树人"教育根本任务，从落实学生核心素养的视域规划，从学校办学的共同愿景出发，决策、构建、组织学校教师创造性地实施课程的指导能力，也是促进学生全面发展的课程构建的指导能力。它是校长应该具备的首要和核心能力，包含了课程价值反思、课程体系整合、校本课程研发、组织课程实施、引导课程评价、课程文化构建等要素。[①]校长课程领导力关系着学校对国家课程改革直觉的敏锐度、思考的深度。概言之，校长的课程领导力水平，直接影响学校课程改革进程和教育质量。因此，提升校长课程领导力，已经成为深化课程改革中的头等大事。

一、校长课程领导力在深化课程建设中提升 >>>>>>>

　　在教育领域有一句名言："一个好校长，成就一所好学校。"校长是学校的灵魂人物，校长的办学思想、办学风格、管理模式、领导能力等决定着一所学校的办学品质。《义务教育学校校长专业标准》将校长的课程领导力概括为三个方面十项具体专业要求。具体到校长岗位，需要校长在宏观了解国家课程政策的基础上，从学校的实际出发，有效统筹国家、地方、学校三级课程，确保国家课程、地方课程的落实，推动校本课程的开发与实施，为学生提供丰富多样的课程教学资源。校长应具有通过多种方式激发广大教师的激情与创造力，以及有效统筹、科学实施、构建与开发评价课程的能力。作为一校之长，校长需要对课程领导有清晰

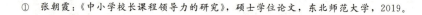

---

① 张朝霞：《中小学校长课程领导力的研究》，硕士学位论文，东北师范大学，2019。

的专业认知和理解，才能有效引领学校全体教职员工在课程改革的大潮中找准方向，稳扎稳打。

(一)深入理解课程改革政策方针

校长领导力中的一项重要能力是领导学校课程建设的能力，即做一个优秀的课程"领跑人"，而要成为这样的"领路人"，需要对课程本身有深刻的理解。校长对课程的理解程度体现在对课程改革政策的理解，对国家课程方案、地方课程计划的校本化实施，以及学校课程体系的建构上。

《基础教育课程改革纲要(试行)》颁布之前，校长是国家课程、地方课程忠实的执行者、检查者和监督者，课程管理权下放后，学校课程的自主权变大了，责任也变大了。校长在其中的角色悄悄地发生了转变，成为学校课程的引领者、课程体系的设计者和校本课程开发的第一责任人。角色的转变意味着权责的改变，挑战的升级。课程改革之初，学校对三级课程管理模式的认识比较模糊，基本上是分层分级落实的思路，认为国家课程、地方课程以及校本课程是分为三个层面来建设的，国家课程的权力归属国家教育部门，地方课程的权力归属省(自治区或者直辖市)级教育部门，而校本课程的权力归属学校，学校有权对校本课程进行开发和设计。基于这样的认知和理解，定慧里小学在落实国家课程和地方课程时，沿革课改之前的做法，严格执行。

限于当时的思想认识，学校落实《基础教育课程改革纲要(试行)》的基本做法是大力开发校本课程，认为将校本课程开发好，就实现了课程改革的目标。学校严格落实国家课程、地方课程，校本课程开发则红红火火，充满了活力与生机，两者泾渭分明。彼时，定慧里小学校本课程开发了几十门，有的学年甚至达到了上百门。

随着课程改革的深入，北京市教委、海淀区教委以及海淀区教师进修学校等单位对中小学的课程建设进行指导和专业化帮扶，为中小学校长和教师进行课程改革开展了大范围培训，并专门开设学校课程建设校长培训班。定慧里小学开始重视学校课程的建设，采取"请进来"的方式，邀请课程与教学论方面的专家走进学校，为全校所有教职工进行集中培训，并现场解答问题。"走出去"和"请进来"的培训方式大大提高了学校教职工对课程改革的认识，学校在校长的带领下对包括国家课程、地方课程和校本课程在内的所有课程进行反思和重建。

定慧里小学邀请专家对学校课程进行诊断和把脉。在专家指导下，学校教师利用掌握的课程改革理念分析和反思原来三级分立的课程，发现这种课程实施模式有很大的弊端，三者各司其职，互不交叉，但是认知心理学理论告诉我们，学生学到的知识或者形成的经验是一个整体，层级分明的课程体系显然不利于学生的全面发展。为此，学校对"校本的课程开发"与"校本课程的开发"进行了深入的分析和研究，发现二者存在很大的区别。"校本的课程开发"外延比较广，包含"校本课程的开发"。前者指的是课程开发的两种形态：一种是"校本课程"的开发，指的是国家在课程方案中有一定的预留空间，学校可以在这个自由的空间中开发和设计校本课程；另一种是"校本的课程"开发，指的是学校层面内的所有课程，包括国家课程、地方课程以及本校自己研发的课程。"校本的课程开发"意味着国家课程、地方课程都要纳入学校的课程整体中来，这就需要学校基于自身的实际情况对三者进行重新建构，而不是像课程改革之初时，简单地将三者拼在一起。

为了将三者融合成学校的课程，定慧里小学掀起了一阵课程改革的学习浪潮。学校教师寻找理论依据，探索实践路径，发现学者们对学校课程体系建构的路径有多种，如"目标—领域—科目—模块""目标—基

慧心课程——指向学生核心素养的校本创意与深度实施

础—拓展—活动—模块"以及立体整合或者确立"学习领域—课程平台—课程模块—微型课程"等。我们通过比较发现，每种模式都有各自的优点和不足，而且每种模式对学校的适应程度不同。经过认真思考，定慧里小学确定了其中的一种课程体系建构路径并对其进行微调，形成自己特有的课程体系建构路径：目标—基础—拓展—活动—模块。这种构建基于这样的思考：第一，学校的校本课程体系建构是一项整体工程，它是在国家课程政策的指导下，遵循学校课程政策规范，为实现学校的育人目标而采取的一种课程领导行为。这种行为既蕴含国家与地方的意志，又承载学校的意志，是国家权力、地方权力与学校权力在课程方面进行对话的综合反映。[①] 第二，在学校层面，学校是课程建设的主体。之所以有这样的认识，是对前期三级课程分级设立的纠正，无论是国家课程、地方课程还是校本课程，最终都要在学校中具体落实。这就将古德莱德提出的五种课程中的观念层次的课程、社会层次的课程以及学校层次的课程转化为教学层次的课程和体验层次的课程。在这个转化过程中，学校是转化的主体或者更具体而言教师和学生才是转化的主体。基于这样的理解，学校的课程建设需要纳入学校发展的整个图景中，处理好三级课程与学校教育哲学之间的关系，同时要清晰三级课程之间的关系，注重设计的顺序，将三者统整为有序而又有实效的学校课程体系。

2015 年以来，根据国家对学校课程的整体关注，学校在原来课程体系构建的基础上，结合国家课程改革的总体趋势，对原有课程体系进行了深入思考，发现第一阶段和第二阶段的课程体系建构存在很大的问题，缺少对"人"的关注。学校一直倡导课程是为师生的发展服务的理念，但是拘囿于以前的视野和能力，对于"课程建构如何体现以学生发展为中

---

① 王凯：《试论学校课程设计的二度回归：哲学考量与实现路径》，载《课程·教材·教法》，2014(3)。

心"这个问题一直很困惑。为了解决这个问题，学校先后邀请北京师范大学、中国教育科学研究院、北京教育科学研究院等单位课程与教学论方面的专家学者进行指导，并参加了"海淀区中小学课程实施方案"项目，开展行动研究。在不断地探索和研究中，学校确定了以学生核心素养为抓手来落实"以人为本"的课程建设初衷。

（二）校长对"核心素养"的领悟能力

为了满足 21 世纪对人才发展的需要，我国于 2016 年发布了中国学生发展核心素养："学生发展核心素养，主要指学生应具备的，能够适应终身发展和社会发展需要的必备品格和关键能力。核心素养是关于学生知识、技能、情感、态度、价值观等多方面要求的综合表现；是每一名学生获得成功生活、适应个人终身发展和社会发展都需要的、不可或缺的共同素养；其发展是一个持续终身的过程，可教可学，最初在家庭和学校中培养，随后在一生中不断完善。"[①]学校课程基于学生发展这一受体进行建构的重要抓手即学生发展核心素养。因此，在当今时代，"学生的核心素养是整个学校课程的灵魂，统整学校课程规划和建设的各个要素"[②]这一说法得到很多学者的认同。

核心素养关乎学生的现在和未来，是学生终身发展需要的不可或缺的基本素养，需要学校教育的培育，课程是培养核心素养的实践载体。为此，在核心素养公布之初，学校就多次召开讨论会，全面深入地理解核心素养的内容、含义和框架体系。校长先行先思，将其内化为自己的理解，在大会小会上为大家普及基本概念、内涵及其重要性。校长将核

---

① 林崇德：《21世纪学生发展核心素养研究》，北京，北京师范大学出版社，2016。
② 夏雪梅：《基于学生核心素养的学校课程建设：水平划分与干预实例》，载《课程·教材·教法》，2013(7)。

心素养比喻为"树根"，认为学生所掌握的知识、技能是显性的、可视的，就像大树的枝和叶，核心素养是隐性的，是大树的根，根深则叶茂。学校教育只有培育好"树根"，才能使地面上的"大树"枝繁叶茂，二者在培养时所下的功夫、投入的精力的占比是9∶1，这是时代赋予教师的教育担当。

如何让这一高大上的教育理论实现"软着陆"，是摆在校长和教师面前的难题之一。为了研究核心素养与学校课程建设之间的关系，建立课程实践与素养落实之间实质性的关联，以及以课程为载体落实核心素养中的每个指标，校长与教师经历了查找理论资料、请教专家、去其他学校跟踪学习等过程，终于领悟了学校课程在落实核心素养方面"须为"和"不为"的空间。在大家的共同努力下，学校建立了较为完整的课程规划，重点强调学生核心素养与课程之间的对应以及不同课型为实现特定的核心素养而产生的实质关联。

(三)提高课程规划的设计能力

新课程改革赋予学校新角色、新功能，学校的课程自主权加大。在国家政策的指引下，在遵循国家意志、地方政府意志的基础上，学校拥有自我制定课程实施方案的权利，拥有课程规划、课程实施和课程组织与评价的权利，拥有选用经过审查的教材的权利以及课程开发、资源统整的权利。在权利扩大的同时，学校教师深深感觉到责任也在不断增加，需要用科学、严谨的态度和手段对学校实施的课程进行整体设计、系统规划。

从2015年开始，定慧里小学对学校的课程体系进行整体建构，并在专家的指导下，认真梳理了学校的办学历史，分析了学校的现实状况。在此基础上，对学校的教育哲学系统进行分析和思考，形成了具有一定内在逻辑、符合学校历史发展和现实状况、紧跟时代发展脉搏的办学理念、学校愿景和育人目标。学校将学生的核心素养与课程体系建构建立联系，具体措施为以学生发展作为课程设计的落脚点，对课程体系各个变量进行分解。教师从学校教育哲学出发，对实践体系中的课程变量进行逐级分解。一级变量课程理念需要深入分析学生作为独立的"人"的价值和意义。二级变量包括课程的逻辑、课程的目标、课程的内容以及课程的实施方式。以学生的独立价值重新确立课程设计的组织逻辑，以学生的个性发展和共性发展作为课程目标设计的着眼点，以符合学生的认知规律、身心发展规律作为课程实施途径与方式，以学生的生活与经验高度关联课程内容作为设计的视角之一。三级变量则指向学生核心素养的各个指标要素，逐步分解，落实到每一个课程模块中。

在课程体系构建过程中，学校校长、中层管理人员、学科教师都倾注了大量的精力，贡献了自己的智慧和才干。集小流汇成大海，基于学生核心素养的学校课程体系在大家的努力下终于构建起来了。

二、校长课程领导力在课程的组织与管理中提升 >>>>>>>

从课程领导这个合成词来看，学校的课程领导，要求校长除了具备相关的课程专业知识外，作为领导者还需要具备课程的管理、组织与实施、评价的能力。也就是要具备与领导相关的理论、取向和形态等，进而根据学校原有的文化，对学校的课程建设进行领导。

截至 2020 年，根据学者们的研究，学校课程领导的模式主要有三种：以校长为首的课程领导模式、校长与中层管理者同商共治模式和能动分享式领导模式。针对这三种课程领导模式，定慧里小学进行了认真学习并反思自己学校的课程领导模式归属哪一种。经过商讨，大家一致

慧心课程——指向学生核心素养的校本创意与深度实施

认为这三种模式在定慧里小学都存在，只不过在课程改革的不同阶段某种模式所起的作用大小不同，但是从课改之初开始这三种模式一直在发挥着积极的作用。

（一）校长带领大家开展课程建设

以校长为首的课程领导模式，顾名思义，即校长在学校的课程建设中担当领路者、引领者的角色。在学校课程改革的第二阶段，校长带领大家一起研讨学校的教育哲学，共商学校发展愿景，对学校课程建构的整体生态环境、历史文化以及课程的前世今生都做了全面、深入、客观的检视，对标国家课程方案和地方课程计划所设计的课程目标，通过平等对话、沟通、协商，共同参与讨论、发表意见，制定学校课程发展目标；带领教师根据学生的学习能力与水平、教师专业发展水平、学校拥有的校内外课程资源，将学校所要设置的课程领域进行重要性排序，初步构建课程的体系框架；课程构建是一项实践性很强的研究，在前述研究的基础上，校长开始着手建立和健全各个领域课程行动小组，并为每个小组设定行动纲领和进行专业指导，各个课程行动小组在行动纲领的指导下，根据自身的专业优势，精诚合作，同心同德，共同设计课程计划方案。为了检验实施方案的有效性，课程行动小组在校长的指导下，对课程实施方案进行试行，小组成员在课程方案试行后，根据试行过程和试行结果存在的问题进行修订，解决所有问题后，课程实施方案才正式施行。为了达到预设的教学效果，校长还带领各个课程行动小组进行自我反思，鼓励各成员采取适合的教学措施和策略保障课程教学效果。学校在课程方案施行一段时间后，建立了相应的评价和反馈机制，及时了解教师、学生对课程方案的意见和建议，不断完善课程实施方案，进而建立相应的课程实施制度使其正规化和合法化。

经过课程建设之初校长对各项事务都亲力亲为的阶段以后，学校中层管理人员和某一课程领域的教师逐渐熟悉课程建设的流程，并在行动中进行了初步尝试。校长领导职能转向组织和完善学校课程建设和开发组织机构，扩大学校课程建设的领导主体，搭建课程利益相关者参与课程建设的平台，提供外出学习机会和课程资源，鼓励教师进行校级交流。教师通过参加课程专题研讨会、集体备课以及学区教研等提高课程参与和决策能力。

(二)校长与中层管理者同商共治课程建设

以校长为首的课程领导模式在课程改革之初，对学校课程建设起到很大的推动和促进作用，在该阶段，学校一大批课程领域的"草根专家"成长起来。这些"草根专家"受益于学校的课程改革行动，并在课程改革中成长起来，成为某个课程领域的"校内专家"。这个时候，如果学校还实行以校长为首的课程领导模式则阻碍了这些"草根专家"的成长。校长及时发现了这个问题，并多次召开大会，进行探讨和反思，查找问题背后隐藏的原因，发现是课程领导模式的滞后限制了学校课程的建设。为此，校长果断做出决定，成立课程领导小组，主要负责人是校长，同时还设有两位小组长(均为中层管理者)，一正一副，领导若干名组员(某个课程领域方面的"草根专家")。组织结构架好后，校长与大家协商课程领导小组的管理制度。约定在课程领导小组中，校长与中层管理者共享课程领导权，重点发挥两位小组长的专业领导能力，利用其专业优势，相互协作与配合，共同完成对学校课程的领导。校长则从前期烦琐的课程事务中解脱出来，将课程领导权下放，赋权给中层管理者和教师。校长主要负责引领中层管理者和教师做出高层次的价值判断，对课程的整体建构和实施效果做出评判，对课程建设中存在的问题给出指导性建议和

意见，但是不再插手具体事务。中层管理者担负起原属于校长的大部分工作，设计课程框架，决定课程实施模式，对课程的数量进行增减、课程的质量进行评估等。这个时期的学校中层管理者成为课程建设的总设计师，负责沟通校内外的课程资源，争取校外资源，争取更多校外课程专业力量的支持，处理课程实施的时间、方式，建立校长与教师、教师与中层管理者、教师与教师之间的沟通和交流平台。此外，他们的职责还包括及时发现问题、解决问题并在问题难以解决时求助于校长的专业支持等。

该模式的典型案例是学校确定了"以全时空阅读引领语文教学""问题提出导引数学课堂教学变革"作为学校课程改革的优先项目。

在课程设计阶段，校长和中层管理者、教师一起分析学校当前的优势所在，聚焦点是学校传统优势和师资配置情况。经过三次讨论和协商，大家发现学校的优势集中在三个方面。在语文教学方面，阅读具有很大的优势。学校有较长的阅读历史，又有优秀的师资配置，而且阅读对学生核心素养发展具有重要的价值。数学教学结合新时代对学生高阶思维能力的要求进行，教师队伍中有优秀的师资力量和强有力的校外专家团队。英语教学一直提倡情境教育和绘本阅读。基于此，中层管理者采取访谈、座谈、填写意见表格等方式征求全体教师的意见和建议。根据大家的提议，确定了"以全时空阅读引领语文教学""问题提出导引数学课堂教学变革"作为学校新课程改革的突破口。

在课程决策阶段，校长选拔优秀教师承担项目，成立阅读小组和问题提出小组。校长分别给每个小组指定两位有管理经验和课程教学经验的教师担任正副组长，负责课程策划。组长根据学校总的发展目标、课程目标和学生核心素养，与组员一起草拟工作计划。小组成员共同制定了由"草根专家"引领，每周围绕一个主题进行小组研讨，各小组成员根据讨论的方法和策略在各自的领域进行行动研究的课程方案。各小组对可能产生的经费做出预算，同时提出研讨的场地需要。组长将设定好的实施方案提交校长。校长在综合考虑后，全盘接受方案，并给予精神上的鼓励。

在课程实施阶段，团队文化的建设非常重要。第一，组长会尽最大努力建立同伴友好协作的团队文化，统筹活动的实施。语文团队将小组讨论的阅读策略付诸实际行动。其他学科教师，如美术、音乐等教师结合本学科的特点鼓励学生为阅读的故事配以美术作品或者歌曲、舞蹈等。数学团队讨论问题提出的策略，并逐渐形成问题提出的流程，最后形成模式。同时，数学团队的组长鼓励其他学科的教师采取问题提出的方式来锻炼学生的高阶思维能力。第二，组长安排团队的专业发展时间，每周至少一次，鼓励成员进行自我反思，并交流各自在上一周实行阅读策略或者问题提出策略过程中的经验，提出自己的疑惑，寻求"草根专家"或者其他同伴的专业支持，培育转型课程领导。第三，组长带领大家将实践经验和反思结果形成文稿，发表出来。第四，校长与中层管理者采取课前五分钟、好书推荐会、一本书共读、营造严谨的风气、为学生制造学习机会等方式建构学习型组织。第五，充分开发和利用校内外资源，向外争取阅读专家和数学教育专家的支持，为实施计划的教师提供专业上的支持。

课程评价阶段，校长和教师以及中层管理者共同制定评价标准。评价的对象主要是学生、教师和课程。

(三)赋权增能唤醒每位教师参与课程建设

在学校的情境中，每一位教师皆能被赋权增能，从而唤醒他们对那些"习焉不察"之事反省、慎思的意识，让他们寻找和拥有属于自己的课

慧心课程——指向学生核心素养的校本创意与深度实施

程权力，并在实践中沉淀自己的课程知识和理论。[①] 为了确保实现学校课程建设的实际效果，定慧里小学对学校的课程领导模式进行进一步研究，发现能动分享式课程领导模式比较高效。为此，在前两个阶段的基础上，在各个领域的"校内课程专家"成长起来以后，学校课程领导模式逐渐向能动分享式课程领导模式转变。

校长经常对教师们讲："我们的学校就像一列动车，你们每个人就像每节车厢，都自带动力系统。如果全校教师的动力系统都启动，学校这列动车，将会快速奔跑起来。"这段话形象地说明了校长是"列车的车头"，而教师是"每节车厢"。学校教师自我启动，自我运转，在校长的带领下，奔向诗和远方。这句话也蕴含了在课程建设领域，领导不再是校长一个人，而是一个团体，团队中的每个人都具有成为领导的潜能和权利。在学校共同愿景的指导下，在学校文化的浸润下，所有成员一起学习、一起合作、共同成长，形成领导共同体，进行意义建构和知能学习。团队成员中有校长、学科专家、年级主任和教师，以及学生和家长等。在这个系统中，教师是课程建设的主体，课程的规划、组织、实施和评价均以教师为主导。经过努力，学校已在某些领域建立了这种模式，但是由于对能动共享式领导模式还在不断地探索中，还没有大面积推广。

三、校长课程领导力在文化再生中提升 >>>>>>>

所有的人类实践都是文化性实践，都是在一定的文化背景中进行的。[②] 人类都是在文化潜移默化的指引之下行动的，学校课程建设也不例外。首先，学校课程建设的逻辑起点是学校哲学，学校哲学又是统摄学

---

① 黄显华、朱嘉颖等：《课程领导与校本课程发展》，13页，北京，教育科学出版社，2005。
② 石中英：《知识转型与教育改革》，4页，北京，教育科学出版社，2001。

校文化的灵魂，所以，学校课程目标的形成、课程领导理念的介入都需要课程文化的更新与再生。那些试图把新的课程发展机制嵌入旧有的"学校文化"中的做法，是很难取得预期效果的。[①] 这就需要校长具有课程文化的建构能力，以便引领全体师生对学校的哲学进行解构和重构，对学校的办学理念、课程价值等达成共识，产生情感认同和精神归属。其次，建立民主和谐的团队文化。为了保证学校课程建设的实践效果，学校在校长的领导下，形成新型的课程文化。这种文化建立的基础就是尊重差异和多元、悦纳他人、悦纳自己，鼓励创新、沟通和交流，善于合作和分享。在这样的文化氛围中，学校的课程建设才能除旧立新，在不断地创新中前行。最后，建立自主自律、不断自我完善的课程文化。校长课程文化的建构能力还体现在学校的课程是随着时代的发展变化而变化的。校长带领教师团队在不断地自我建设和自我完善中建设学校课程文化，并通过多种方式使这种文化得到师生的认同，感染和引领他们成为与校长并肩作战的课程文化的倡导者、支持者、实践者和传承者。

① 靳玉乐：《校本课程的实施：经验、问题与对策》，载《教育研究》，2001(9)。

美国课程专家兰姆博特提出，课程领导不是校长一个人的领导，是一个团体，组织内的每一个成员都有成为领导者的潜能和权利，团队内的人员互相学习，一起合作，共同承担责任。[1] 美国学者亨德森和霍桑在《转型的课程领导》中指出，转型的学校课程领导具有以下特点：①以觉知教师的课程意识为核心；②以建构合作、对话、反省、慎思的学校文化为途径；③以改善学生的学习成效为目标。这种把学校不仅仅当成一种组织，而是作为一种学习共同体来营建的转型领导，通过学校课程的道德领导使主导学校课程文化的范型逐渐发生转变，与传统学校行政领导相比具有迥然不同的内涵。[2]

我国的学者这样诠释课程领导的含义，课程领导的真正要义在于鼓励教师觉醒其课程意识，实现课程范式的转移，教师应善于对自己的课程实践做出反省和慎思，在实务经验中累积和创造自己的课程知识和课程理论。[3] 我国进入 21 世纪后的课程改革实验证明了这一点，只有将教师的课程意识唤醒，并赋权参与学校课程的领导，教师的实践智慧才能被激发，学校课程才能实现自下而上的改革。

一、教师课程意识的唤醒 >>>>>>>

新课程改革以来，教师在学校课程建设中的主体地位越来越凸显，

---

[1] L. Lambert，*Building Leadership Capacity in Schools*，Alexandria. VI，Association for supervision and curriculum development，1998，p. 59.

[2] Henderson J. G. & Hawthorne R. D.，*Transformative Curriculum Leadership*，2nd，New Jersey，Prentice Hall，2000，p. 56.

[3] 黄显华、朱嘉颖等：《课程领导与校本课程发展》，12 页，北京，教育科学出版社，2005。

可以从定慧里小学教师角色的变化中看出这一趋势。课程改革前，教师是课程的执行者、知识的传授者以及学生的管理者。课程改革后，教师是课程意识的主动生成者、校本课程的开发者、学生自主学习的促进者、同侪教师的帮助者、学习共同体的营造者。学校教师课程意识的觉醒并非一朝一夕之功，而是经过困惑徘徊、痛苦挣扎和涅槃重生几个阶段才逐渐形成的。校长倡导在学校进行课程改革时，大多数教师包括学校中层管理者都是迷茫的，甚至在心理上抵触这个"新生事物"。大家认为传统的按照国家的课程方案按部就班的教学非常好，毕竟国家课程是专家、学者和优秀教师等课程专业人士经过深思熟虑编制的，何必再大动干戈进行新课改呢。意识上的轻视、情绪上的抵触以及策略上的无措，导致教师与校长的关系有些对立、观念上有些冲突。校长对教师和中层管理者产生这样的情绪非常理解，经过多次做思想工作，对课程改革的重要意义晓之以理后，获得部分中层管理者的支持，然后又采取多种策略消除全体教师对新课程改革的顾虑。

沟通协商，做通思想工作。校长与中层干部通过水平沟通与协商的方式，做通骨干教师的工作、老教师的工作以及新手教师的工作，让他们认识到课程改革的重要性，在心理上接受这件事。

责任在肩，迎难而上。学校通过专家讲座，让教师切实认识到课程改革是国际教育发展趋势，是我国教育未来发展的方向，是大势所趋，躲不可躲，避不可避，必须迎难而上。

学习培训，转变课程观。教师通过学习先进典型，参与校内外的课程与教学培训，切实转变课程观，适应新课程，确立整合的、生成性的、实践性的课程观。

行动研究，提高知能。在专家学者的引领下，在相关课题、项目的

慧心课程——指向学生核心素养的校本创意与深度实施

带动下，学校很多教师参加了课程改革研究，并在行动研究中掌握课程的设计、开发、实施和评价的知识与技能。他们将新课程理念运用到教学实践，多维度地考察现行教材、学校与社区资源，以此为基础挖掘或开发校内外的各种课程资源。

沟通交流，慎思分享。学校建立学习交流平台，鼓励教师针对课程改革中存在的问题进行交流和分享，通过对教学过程中的行为进行哲学反思，通过听评他人授课的反思，通过叙述与分享自己的实务经验和教学故事，养成课程慎思的习惯，增强课程批判意识。例如，学校经常举办"我来讲我自己的教育故事""骨干教师教育经验分享会"等活动，为教师搭建平台、创造分享的机会。这也是教师的自我反思活动。

在校长、中层管理者和部分教师的努力下，学校的课程改革和课程建设上了一个新台阶。大部分教师在课程骨干教师的带领下，课程意识渐渐觉醒，并在实践中体验到课程改革的"甜头"，自觉自愿地躬身于课程改革与教学实践中，超越了"高级技师"的角色，变得有修养、有学识、有德行。更为可贵的是，随着课程意识的觉醒，教师课程领导力也增强了，在课程建设中很多教师都发挥自主意识，承担专业职责，愿意带领其他教师一起学习和改革。正如学校某语文教师在经验分享时所言："在学校要求进行课程改革的过程中，我经历了彷徨、无助、欣喜和收获的过程。彷徨是因为我觉得课程改革是要放弃我熟悉的使用了十几年的教学经验，重打鼓另开张对我这个步入中年的教师来说太难了。要我走出'舒适区'去迎接未知的挑战，我没有那样的勇气，也没有那么高的能力。但是学校要求我设计、开发一门课程，我在'干'与'不干'中徘徊。后来，在校长和主任们的鼓励下，我承担下这项任务。但随之而来的就是，我该如何设计课程、如何开发课程，对此我一窍不通。我已经习惯于照着教材教，不习惯自己设计教学内容、教学目标、教学过程等。为此，我查阅了大量的学习资料，也请教了很多课程与教学方面的专家。结合自己的教学经验，慢慢地我对课程的设计、开发等有了基本的理解，并尝试起来。这个时期，我是无助的，也是幸运的。我庆幸遇到了好的领导和同事，我庆幸接触到了很多优秀的专家，我也庆幸有很强的学习力，让我在学校课程建设中成长起来。在大家的帮助下，在我们课程小组成员的共同努力下，我们圆满地完成了校本课程的设计、开发、实施等。在这门课程开设一学期后，我们对它进行了评估。我们欣喜地发现，学生对这门课程的学习兴趣非常高，也达到了课程设计的目标。看到学生们渴求的目光，我们充满了喜悦感、成就感。在课程建设过程中，团队成员对教育教学、课程理论和课程的实践路径的认知都提高了很多。"

总结课程建设经验，学校教师认识到以下四条是每个课程建设者必不可少的素养：一是参与学校课程改革和课程建设的教师必须有课程专业的意识。也就是说，教师必须具备课程建设的相关专业知识、课程设计开发的方法和策略，主要包括课程论、课程领导论、教育教学知识、学科教学知识、心理学知识等。二是要有课程批判意识。这一点对一线教师来说非常重要。教师要在课程理论的指导下，对预设的课程进行批判，对教学实践进行反思，对专家们的观点进行判断，根据自己的理解，重新创造属于自己的教学世界，重塑自己的专业生活，进而改进课程和教学，为学生提供不同的学习机会与经验。三是每个人都可以成为课程领导者。通过课程建设，团队的每个人都认识到自己的专业特长，都能在某个方面独当一面，成为某个领域的领导者。四是作为课程领导者，教师要有课程资源意识。对原来熟悉的教材，教师要用批判的眼光进行审视，创造性地利用教材，开发各种课程资源。

二、创建课程研究共同体 >>>>>>>>

学校课程的设计、开发和有效实施，离不开优秀的教师团队。为了让课程建设落到实处，学校创建了课程研究共同体和教师工作坊两个协作式教师团队。

(一)课程研究共同体概念界定

所谓课程研究共同体，是一群有着共同愿景和奋斗目标，有着较强的科研能力，愿意在一起攻坚克难，相互之间能够积极配合，各展所长，各司其职，为项目的顺利开展和深入推进敢于承担、勇于付出、乐意奉献的骨干教师所组成的团队。

(二)创建课程研究共同体的目的与意义

创建课程研究共同体的主要目的是让部分对课程建设感兴趣的、有能力的教师先动起来，在研究过程中逐渐带动其他教师参与到课程体系建构中来，起到示范引领、辐射周围的作用，从而引领全体教师都能自觉自愿地开展课程体系建设，使学生受益。课程研究共同体建设本着自愿、积极主动以及学校综合考量的原则选择成员，主要包括校长、中层管理者、学科带头人、一线教师等。吸纳中层管理者，是为了在课程建设的过程中对研究工作进行规划、统筹以及协调。很多中层管理者也承担学科教学工作，他们的视野比较开阔，理念紧跟时代发展脉搏，对课程的洞察和省思能力比普通教师强一些。吸纳学科带头人的主要目的是利用他们的专业优势，为课程的设计、开发提出建设性的意见和建议。吸纳一线教师进入课程研究共同体，主要是为了及时了解一线教师的想法、困难和需求。如此，这个团队既有能沟通校长和教师的中层管理者，又有一线教师，同时还有学科专业的资深教师提供专业支持，保障了研究的顺利推进以及与教育教学实践的密切结合。一线教师的参与和成长为日后的大面积推广创造了条件，增加了说服力。

（三）课程研究共同体工作内容

课程研究共同体在组长和核心成员的共同带领下开展高效的行动研究。在课程建设过程中，为了使课程建设和实施高效进行，各研究团队根据每个成员的特长安排具体的任务。例如，善于统筹和管理的人员的工作任务是规划课程建设的进度、时间和内容。各成员根据分工，或是进行综合主题课程的设计，或是制作学生调查问卷了解其兴趣爱好和需求，或是研究课程开发的策略与路径，或者协调各项工作调动校内外课程资源，或者做好资料整理工作，尤其是过程性资料的收集、整理。对于课程建设过程中遇到的困难和问题，团队成员利用自己的学术洞察力和眼光，先在课程研究共同体内部解决，如果团队内部不能解决，可求助校长或者专家出面解决。

（四）建立健全共同体工作制度

建立定期研讨制度。为了保障课程建设的顺利进行，课程研究共同体定期召开研讨会，共同学习，共同研讨，分享在课程体系建设过程中积累的经验，提出遇到的问题。课程研究共同体成员经历共同的研究过程，彼此容易形成共识，明确目标和具体的行动计划。为此，课程研究共同体每周都组织研讨活动，了解每个课程项目组、教师工作坊的研究进展，总结经验，解决问题，制订下一步工作计划。

建立专家指导制度。专家对学校课程建设非常重要，他们能保证学

慧心课程——指向学生核心素养的校本创意与深度实施

校课程建设的方向不至于走偏，同时解决教师遇到的专业问题。学校在课程建设方面投入了大量的经费，每个月都邀请专家来学校进行指导。专家主要指导课程建设的顶层设计、课程的实施、课程的开发和课程评估等。

跟踪指导教师工作坊制度。学校成立了两个教师工作坊，课程研究共同体实时跟进，并带领工作坊成员共同开展研讨工作。课程研究共同体对工作坊中存在的问题给予及时的指导，并注意实践材料的收集与整理。

外出培训与展示交流制度。为提高课程研究共同体成员外出学习培训的效果，在提高自身专业水平的同时，让课程研究共同体未参加培训的成员也提高水平，每个外出参加培训的教师返回学校后都要向其他教师传达培训的内容和自己的心得体会，分享学习资料。

（五）建立研究过程监督指导制度

课程建设研究计划如果不能落到实处，就成了空中楼阁，在实施过程中定慧里小学主要采取全面督导和个别跟进两种策略进行监督指导。通常情况下，学校除了在每周各个层面的会议上了解计划进展情况、存在的问题以及解决措施等以外，还个别情况个别对待，有针对性地实时跟进。这就需要发挥课程研究共同体成员的积极作用，要求两个成员负责一至两个课程项目，跟进指导的策略采用道格拉斯·麦克雷戈的 X-Y 理论，也就是悲观和乐观两种策略。课程研究共同体在工作中会观察组员的工作原动力，如果某成员工作态度比较积极，责任感较强，对工作尽心尽力，及时向组长汇报工作情况和反馈问题，课程研究共同体根据 X 理论，较少干涉，充分发挥该成员的积极作用，甚至还会给予一些具有挑战性的任务。反之，如果发现某成员工作态度比较消极、懈怠，对工作推进比较缓慢，有问题也较少反馈。对于这样的成员，课程研究共同体则会重点跟进，由负责该项目的其他成员进行一对一跟踪指导，对课程建设的思路、计划和实施环节进行详细了解和检查。必要时，课程研究共同体成员直接参加该项目的工作。同时，将该项目组的问题及时反馈给课程研究共同体集体会议，共同协商对策。例如，数学游戏开发项目组教师在安排学生进入数学游戏室学习时，让学生操作的游戏器具局限在七巧板、夺王、神龙摆尾等，大部分游戏器具一直处于未开封状态。课程研究共同体了解到这种情况后，通过随访，发现出现这种情况的原因是数学组的教师缺少对其他游戏器具的了解，又没有相关的课程资料可以参考。针对这种情况，学校及时请来游戏器具培训专家，针对某些器具所蕴含的教育意义以及操作方法进行了培训。项目组的教师在初步了解后，认真学习了某些游戏器具的教育意义以及在教学中操作的方法。项目组组长对游戏器具进行分类，教师对自己感兴趣的游戏器具进行课程设计和开发，从而使大部分游戏器具得以充分利用。又如，古诗文欣赏校本课程团队在设计和研发过程中，遇到了哪些古诗文适合小学生阅读等课程内容选择问题。为此，该团队首先收集大量古诗文，然后一一筛选、逐个排查，并将语文课程标准和标准解读中关于学生对诗词的掌握程度做了深入探讨，从而确定了古诗文的类型、内容等，形成学校的校本课程读物。

三、成立教师工作坊 >>>>>>>

在以往的教育教学工作中，国家课程校本化实施和校本课程的设计、开发、实施和评价等一系列工作基本上由某个领域的教师自己完成，很少与其他学科教师的工作发生交叉，除集体备课外，教师之间的合作交

流较少。但是，随着学校课程体系整体设计活动的深入开展，不管是国家课程校本化实施还是校本课程的实施，均需要在学校课程的整体框架下进行，这就需要教师了解、知晓其他领域的课程，同时部分主题还需要多个学科的整合，如 STEAM 项目、PBL 项目等。传统的单兵作战已经不能满足学校发展的需要，亟须一种新的交流、对话以及慎思的合作形式出现。

中小学一直沿用的师徒结对的工作模式，在我国非常常见且存在了较长时间，培养了大批青年教师，但这种模式的弊端是随意性较强、辐射面较狭窄、学科专业相对单一。定慧里小学年轻教师较多，为了使年轻教师快速成长起来，学校成立了教师工作坊。这是一种新型的研修模式，典型特点是"不仅体现了个性、宽容、开放、创造、平等的现代教育理念，还体现了循序渐进、理论联系实际、智力因素与非智力因素相结合，科学性、思想性与艺术性相结合的教育原则，现代教育理念和原则贯彻其始终"①。教师工作坊的成立，为相同志趣的教师提供了讨论研究的时间和空间，极大地调动了教师的工作积极性。

（一）教师工作坊的概念界定

根据教师工作坊的概念，针对学校的实际情况，定慧里小学将教师工作坊界定为在学校办学理念的指引下，在学校课程研究共同体的指导下，一群志趣相同的教师围绕一个主题，共同协作开发校本课程或者促进国家课程、地方课程校本化实施，并能够将成功的范式辐射周边其他教师的研修模式。

教师工作坊的成员包括坊主、核心成员、观察成员以及执行成员，

---

① 陆彩霞、姜媛等：《典型教师工作坊研修活动的特色分析与未来研究展望：基于北京市典型教师工作坊的实践研究》，载《教育科学研究》，2019(2)。

四者之间通过交流、对话、合作，实现坊主和成员共同的、自主的发展。

(二)成立教师工作坊的价值和意义

学校采取教师工作坊的研修模式，主要是因为在我国传统的学习共同体中，师徒结对、学科备课组、教研组以及年级组多是教育行政部门管理的产物，其任务是青年教师的培养、学科教学、课题研究以及各种行政事务性工作。由于没有共同的愿景和目标的指引，教师对这种形式的学习共同体习以为常，主动性不强、兴趣不高，这种捆绑式的学习共同体并没有激发教师自我发展的动机。根据维果茨基关于人的心理发展规律：①人所特有的被中介的心理机能只能产生于人们的协同活动和人际交往之中；②人所特有的新的心理过程结构最初必须在人的外部活动中形成，随后才可能被转移至内部，成为人的内部心理过程的结构。人的这种发展特性投射在教师的学习上，则需要建立能够促进每个人都有强烈的发展愿望，都能积极投身其中的学习共同体。而教师工作坊的特点恰好符合这样的要求，没有强制性的任务、没有行政指令。共同体内，坊主和成员互相尊重，互相帮助，彼此信任，友好协商，既有民主又有集中地参与到活动的策划、组织和管理中来，为彼此的发展创造条件，实现自主、自由、全面的共同发展。坊主和成员之间彼此承认并维护个体的自由和权利，尊重各自的独特性和差异性，并在这种相互尊重的群体中增强自尊。①

学校选取那些在课程建设中成长快的教师做坊主。坊主通过示范应用学到的先进理念和成熟的做法策略，适时分享切身的实践感悟和取得的成效来启发、鼓励其他教师，从而带动一批有发展动机的教师率先行

① 陆彩霞、姜媛等：《典型教师工作坊研修活动的特色分析与未来研究展望：基于北京市典型教师工作坊的实践研究》，载《教育科学研究》，2019(2)。

动起来。他们在坊主的带领下，积极投入，聚焦某一专题进行思考、规划和行动。由于坊主不是行政领导，只是在课程改革中走在前面的普通教师，而且他们有自己的教育思想和教育风格，以及课程建设的成功经验和做法，所以他们有感染力和号召力。工作坊的成员都是志同道合的教师，学习氛围好，表现出自主、自觉、自为的特点，愿意为共同的目标而奋斗。为此，学校为他们提供专门的研讨场所和时间。教师将这种研修方式从线下搬到了线上，从定时研讨延伸至随时随地研讨，突破了时间和空间的限制，从而工作效率极高，工作热情也非常高。教师工作坊在成立一年的时间内，就取得了令人惊喜的成就。

（三）教师工作坊的具体做法

一是聚焦问题，明确目标。教师工作坊的工作机制非常灵活，除了学校布置的校本课程的设计与开发以外，教师基本上围绕国家课程校本化实施路径进行探讨，讨论较多的是教师遇到的实际问题。大家聚焦某一个问题，采取六顶思考帽的讨论方式进行研讨，在短时间内聚焦和解决问题。

二是主题讨论，集思广益。教师工作坊在建构学校课程时，最主要的问题是哪些内容的校本课程对培养学生核心素养的某个指标有效等。为此，学校会对学生核心素养的各个指标进行深入分析，并根据指标划分校本课程的选题范围，一般含有 2～3 个主题。教师工作坊根据这 2～3 个主题进行详细的研讨，主要经历头脑风暴、确定主题、收集资料、整合分类、确定组织逻辑、实施方式、单元设计以及活动设计等流程。在头脑风暴阶段，教师针对学校下发的 2～3 个主题进行讨论，收集相关信息，听取专家意见，形成课程开发的主题。主题确定后，教师需要大面积、多种方式收集与主题相关的资料，形成主要观点，并深挖其教育意义以及与核心素养的关系，随后对材料内容进行分类、组织排序，并讨论以一定的逻辑结构形成课程内容，确定培养目标，最后进行活动设计。工作坊成员从某一主题切入讨论，大家自由发表意见，最后回归课程主题。

三是行动研究，及时反馈。教师在进行课程初步设计后，就要进入实践操作阶段。在这个阶段，教师需要分工合作，有执行课程教学的教师，有记录过程的教师，有观察学生反应以及调查学生意见的教师。坊主需要进行统筹规划、安排好进度和解决与其他学科教学冲突的问题等。工作坊教师各司其职，将教师的感受、学生的反馈意见、教师的建议等汇总在一起，对课程的设计、实施进行综合修改，从而形成更适合学生的课程体系。

第三节　课程评价：保障课程实施的效果 `>>>>>>>`

　　课程评价能力不仅是校长课程领导力的重要组成要素，也是教师课程领导力的重要组成部分。为了保障学校课程的实施效果，学校动员相关利益群体积极投入课程建设的队伍中来，组建了课程建设评价小组，采取发展性课程评价体系，对课程目标与设计、课程实施、课程效果进行评价，以此促进课程建设不断改进。对国家课程依据课标，学校给校本课程制定评价指标体系，以课程设置、管理、实施、资源、教师、学生作为诊断评价对象，进行自我评价，并通过成果梳理进行评价。

一、创新评价机制——综合测评学生学科素养 `>>>>>>>`

　　语文、数学、英语学科改变原有的以成绩为评价标准的制度，形成以学生发展为核心、多元化的教育质量评价制度。

　　学校将语文学科阅读、表达、古诗积累、书写的考核落实到平时的学习活动中。采用学生感兴趣的读书小报、读书交流会、学生讲堂、古诗考级、校级书法比赛等形式，对学生进行动态考核，以开放的视角全方位评价学生的语文学习情况。其中，四项考核的成绩占总评成绩的40%，期末考试占60%，改变了单纯依靠考试的评价模式，将评价过程贯穿语文学习过程始终(如图5-1所示)。

　　对数学学科的评价，学校以开放性的项目活动和比赛的方式展示学生的数学综合能力，如数学游戏、思维导图、计算达人赛、解决问题小能手、数学家故事和趣题演讲、绘本创作、实践活动报告、数学日记等。学校把单元考查与项目活动相结合，分为必选项目和自选项目两大类。既有校级统一内容，又有年级自选内容，契合学生的特点，以开放的形式和视角对学生开展评价，力求做到全面客观(如图5-2所示)。

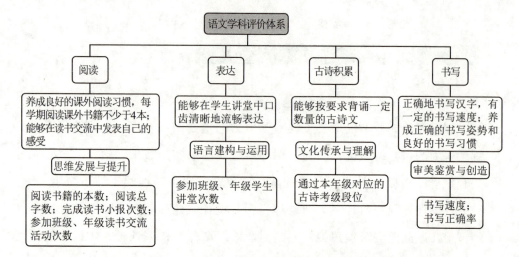

图 5-1　语文学科评价体系

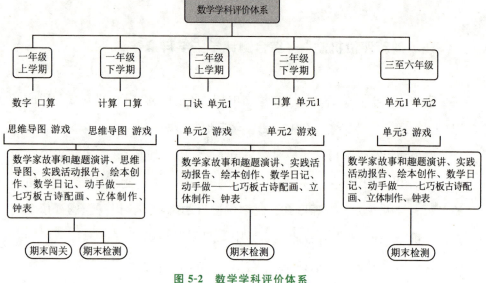

图 5-2　数学学科评价体系

对英语学科的评价，学校把口语表达、阅读积累、书写等纳入日常学习与考核中。根据年级特点，采用儿歌展示、课前演讲、《典范英语》讲故事、阅读"马拉松"、单元主题小报、英语考级等多种形式调动学生的参与积极性，在常规教学、比赛展示等活动中进行形成性评价。形成性评价与终结性评价共同构成对学生的评价，其中前者占40%，后者占60%（如图5-3所示）。

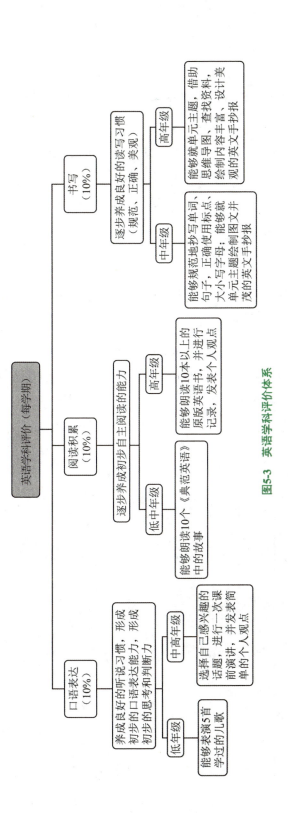

图5-3 英语学科评价体系

二、拓展课程采取的评价方式 ›››››››

学校每周一和周三为学生开设丰富多彩的校本选修课并开展专业的社团活动。例如，选修课小护照以学校的校园八景为背景，学生完成一门课程就可在标志性景物上盖结业章。选修课就像一次校园生活的游历，每次游历都会让学生获得独特的体验。

三、实践类综合课程的展示性、终结性评价 ›››››››

实践类综合课程重实践、长才干、促创新。此类课程的评价采取过程性评价和终结性评价相结合的方式。教师可以随时在实践中进行过程性评价，并通过一系列相关展示活动为学生提供展示自己学习成果的平台。学生以表演、作品呈现等成果展示的方式进行终结性评价。